저절로 읽어가는 영어

징글리시
콩글리시
잉글리시

저절로 읽어가는 영어

징글리시, 콩글리시, 잉글리시

저 자 장웅상
발행인 고본화
발 행 반석출판사
2021년 7월 20일 초판 2쇄 인쇄
2021년 7월 25일 초판 2쇄 발행
반석출판사 | www.bansok.co.kr
이메일 | bansok@bansok.co.kr
블로그 | blog.naver.com/bansokbooks

07547 서울시 강서구 양천로 583. B동 1007호
(서울시 강서구 염창동 240-21번지 우림블루나인 비즈니스센터 B동 1007호)
대표전화 02) 2093-3399   팩 스 02) 2093-3393
출 판 부 02) 2093-3395   영업부 02) 2093-3396
등록번호 제315-2008-000033호

ISBN 978-89-7172-933-5 (13740)

저절로 읽어가는 영어

징글리시
콩글리시
잉글리시

반석출판사
Bansok

서문

이 책은 크게 5개의 장으로 구성되어 있습니다.

제 1장 영어가 어려운 이유에서는 영어가 어려운 이유에 대한 설문 조사 내용을 먼저 이야기한 후에 영어가 어려운 이유에 대해서 어순, 낯선 단어, 강세와 발음, 묵음 이렇게 네 가지로 나누어서 정리했습니다.

영어 단어를 공부할 때에 어려운 점은 단어마다 강세가 있다는 것입니다. 예를 들면 '거대한'이라는 뜻을 나타내는 'tremendous'는 2음절에 강세가 있고 '동시에'라는 뜻을 나타내는 'simultaneously'는 3음절에 강세가 있습니다. 영어 공부에서 또 다른 어려운 점은 묵음이 많다는 것입니다. 묵음이란 발음되지 않는 소리를 말합니다. 예를 들면 심리학을 의미하는 영어 단어는 'psychology'인데 이 단어의 첫 번째 알파벳 'p'는 발음되지 않습니다.

제 2장 영어의 8품사와 문장의 5형식에서는 영어의 8품사와 문장의 5형식에 대해서 정리했습니다. 품사와 문장의 5형식은 건축물로 말하자면 철근과 같습니다. 이 두 가지는 영어 공부에 있

어서 핵심 요소입니다. 영어의 8품사는 대명사, 명사, 동사, 형용사, 부사, 접속사, 감탄사, 전치사입니다. 제 2장에서는 문장의 5형식에 대해서 1형식부터 5형식까지 예문과 함께 정리했습니다.

제 3장 영어 공부 비법에서는 영어를 읽기, 쓰기, 듣기, 말하기 이렇게 네 가지 영역으로 나누어서 정리했습니다. 해외여행 영어 비법에서는 짧은 영어 문장으로 영어를 구사하는 방법을 정리했습니다. 영단어 테스트에서는 제시된 단어 테스트를 통해서 자신의 영어 실력을 점검하는 시간이 되도록 했습니다.

제 4장 영어 공부 전략에서는 외국어들과의 비교, 영화 제목, 팝송 〈보헤미안 랩소디〉, 키워드 학습, 보상 전략을 통한 영어 공부로 나누어서 영어 공부 전략에 대한 핵심 내용을 정리했습니다.

다른 외국어들과의 비교를 통해 영어를 공부하면 영어 공부가 훨씬 재미있습니다. 요즘은 영상물의 시대이고 외국에서 들어오는 영화 제목을 통해서 영어를 공부하는 것도 훌륭한 영어 공부 방법입니다. 팝송을 통한 영어 공부의 장점은 영어 가사를 공부

서문

한 후 따라 부를 수 있다는 데 있습니다. Key word 학습전략은 외국어 어휘를 학습할 때 소리가 유사한 모국어의 어휘를 바탕으로 외우거나 이미 알고 있는 어휘와의 관계를 설정하면서 외우는 것을 말합니다. 예를 들면 'issue'라는 단어를 암기할 때 "문제 있슈?"로 암기하면 이해가 훨씬 쉽습니다. 보상전략이란 부족한 부분을 다른 방식으로 메꾸어 넣는 것을 의미합니다. 예를 들면 수의사라는 의미의 영어 단어 veterinarian 이 생각나지 않을 경우 'a doctor who takes care of animals'라고 말하는 것입니다. 즉, 보상전략은 단어에 대한 쉬운 풀이로 이해해도 좋습니다.

제 5장 하루 1분 영어에서는 영어를 속담, 약어, 용어, 영화 명대사, 관용적 표현 등으로 분류해서 영어를 중심에 놓고 한자, 유머, 난센스 퀴즈, 상식, 콩글리시 등을 함께 공부할 수 있게 정리했습니다. 하루 1분 영어는 우리가 잘 알고 있는데 영어로 어떻게 쓰는지 모르는 표현들을 많이 설명했으므로 여러분의 영어 실력 향상에 도움이 될 것입니다.

이 책의 마지막 부분인 부록 편에서는 하루 1분 영어 329개를 원문과 뜻을 정리했습니다. 도표의 왼쪽 부분에는 하루 1분 영어의 원문이 있고 도표의 오른쪽 부분에는 하루 1분 영어의 번역이 있습니다. 따라서 도표의 오른쪽 뜻 부분을 가리고 영어 표현을 쓸 수 있는 연습을 하거나 왼쪽 원문을 가리고 우리말로 번역하는 연습을 하면 영어 실력 향상에 많은 도움이 되리라고 확신합니다.

또한 쉬어가는 코너에서는 본문에서 설명하지 못한 다양한 어원, 상식 등을 통해 영어의 초보자들도 저절로 영어를 읽어갈 수 있도록 정리했습니다. 이 책을 읽으면서 영어 공부가 이전보다 더 재미있어졌다면 제 역할을 다 한 것이라고 생각합니다. 『저절로 읽어가는 영어』를 출간해주신 반석출판사 관계자에게도 고마움을 전합니다. 여러분의 영어 실력이 눈에 띄게 향상되기를 기원합니다.

2021년 1월 20일
한 해를 보내고 새해를 맞이하며
영어 전도사 **장 웅 상** (영문학박사)

목차

제 **1** 장
영어가 어려운 이유

30대부터 70대까지 100분께 영어 공부에 관해 설문조사를 해보았다. 설문조사의 질문은 세 가지였다.

1) 영어 공부 뭐가 어려웠나요?

2) 영어 공부의 어려움을 어떻게 극복했나요?

3) 영어를 공부하고 나니 좋은 점은?

"영어 공부 뭐가 어려웠나요?"라는 질문에 응답자들은 영어공부한 지도 까마득하여 잊고 살았던 세월, 다시 하기에 너무 멀리 와버린 단어와 문법이 모두 힘들었다고 말씀하셨다. 그분들은 학업을 계속해야 하나를 고민하게 한 과목이 영어였다고 하셨다. 영어는 한국에서 자주 쓰지 않는 언어이다 보니 영어 울렁증이 있으신 분들이 많다. "영어 공부의 어려움을 어떻게 극복했나요?"라는 질문에 응답자들은 영어를 그냥 달달 외우고 쓰고 반복 학습을 했다고 말씀하셨다. "영어를 공부하고 나니 좋은 점은?"이라는 질문에 응답자들은 공통적으로 영어를 공부하고 보니 자신감을 가지게 되었다고 하셨다. 반복은 예나 지금이나 공부에 있어서 변하지 않는 진리이다.

1. 어순 즉, 문법이 다르기 때문이다.

우리말은 SOV의 구조 즉, 주어+목적어+동사(서술어)의 어순을 가지고 있는 데 비하여 영어는 SVO 구조 즉, 주어+동사(서술어)+목적어의 어순을 가지고 있다. 우리말은 동사가 문장의 맨 끝에 나오기 때문에 끝까지 들어봐야 말하는 사람의 기분을 알 수 있지만 영어는 동사가 주어의 바로 뒤에 나오기 때문에 조금만 들어봐도 말하는 사람의 심리상태를 잘 이해할 수 있다.

2. 낯선 단어들을 일일이 다 외워야 하기 때문이다.

영어는 우리말이 아니기 때문에 영어 단어들은 당연히 모두 낯선 단어들이다. 그래서 영어 단어는 무작정 외우려고 하지 말고 어원이나 상황을 공부하고 외우면 이해하기 쉽다. 〈더티 댄싱〉이라는 영화가 있다. 이 영화 제목의 뜻은 '매혹적인 춤'이다. 영어 단어 'dirty'는 '더러운'이라는 뜻 외에 '멋진', '매혹적인'이라는 뜻도 가지고 있다.

영어 단어는 그림으로 이해를 돕는 『바로바로 영어 독학 단어장』을 공부하고 독해는 서점에서 자신의 마음에 드는 책을 선정해서 공부하라. 평상시에 영어 공부법은 하루에 10개의 단어씩 외우면 좋다. 작은 독서 카드에 왼쪽에는 영어 단어와 발음을 쓰고 오른쪽에는 그 단어의 뜻을 쓴다. 단어의 뜻을 완전히 이해했다고 생각하면 단어의 뜻이 나온 부분을 제외하고 영어 단어 부분을 책으로 가린다. 그리고 우리말 뜻만 보고 단어를 써본다. 그 다음에는 영어 단어와 발음이 나온 부분을 제외하고 우리말 뜻 부분을 책으로 가린다. 그리고 영어 단어를 보고 우리말 뜻을 써본다. 이렇게 매일 열 단어씩 외우면 당신은 엄청난 단어 강자가 될 것이다.

영어 단어를 공부할 때에는 명사, 형용사, 동사를 먼저 공부하는 것이 매우 중요하다. 그 이유는 명사만 있어도 질문이 되기 때문이다. 명사는 사물의 이름을 나타내는 품사이다. 예를 들면 내가 음식점에서 화장실이 가고 싶을 때 "화장실이 어디 있어요?"라고 묻지 않고 "화장실(toilet)?"이라고만 물어도 회화가 가능하다. 형용사는 인간의 감정을 잘 드러내는 단어이다. '큰(large)', '작은(small)', '행복한(happy)', '아픈(sick)', '실망한(disappointed)', '슬픈(sad)' 등의 단어는 모두 형용사이다. 형용사란 사물의 모양이나 형태를 나타내는 품사이다. 동사는 움직임을 나타내는 품사이다. '가다(go)', '오다(come)', '먹다(eat)', '출발하다(start)'등의 동사는 내가 어떤 행동을 하고 있는지를 상대방에게 이해시키는 중요한 품사이다.

영어 지문을 읽다가 멋진 구절이 나오면 그것을 리딩 카드(reading card)에 정리해서 낭송하는 것도 멋진 영어 공부법이다. 영어와 우리말의 관점의 차이를 이해하는 것도 즐거운 영어 공부 방법이다. 영어 단어 가운데 'wear'는 여러 가지 뜻이 있으니 '입다', '쓰다', '끼다', '신다' 등이다. 다시 말해서 몸에 착용하는 것은 모두 wear이다. 영어에서는 옷을 입어도 wear이고 모자를 써도 wear이고 장갑을 끼어도 wear이고 신발을 신어도 wear이다. 반면에 우리말에서는 '입다', '쓰다', '끼다', '신다'가 모두 다르게 쓰인다. '모자를 쓰다'를 '모자를 신다'라고 하면 안 되고 '신발을 신다'를 '신발을 입다'라고 써서는 안 된다.

단어를 이해할 때에는 문장 속에서 이해하는 것이 매우 중요하다. "Please call me a coach."라는 영어를 우리말로 무엇이라고 할까? 이 문장은 다양하게 번역할 수 있다. 여기에서 문제 하나 나간다. "Please call me a coach."의 우리말 번역으로 틀린 것은?

A) 나에게 마차를 불러줘.

B) 나에게 코치를 불러줘.

C) 나를 코치라고 불러줘.

D) 나를 마차라고 불러줘.

정답은 무엇일까? 정답은 당연히 D)이다. 누군가가 '나를 마차라고 불러줘'라고 말하면 온전한 정신을 가진 사람이 아니기 때문이다. 영어 'coach'는 '마차'라는 뜻과 '코치'라는 뜻 두 가지를 동시에 가지고 있다. 마차와 코치 둘 다 한 사람을 일정한 위치나 성적까지 이르게 한다. 이렇게 한 단어의 여러 의미를 생각하면서 영어 단어를 공부하면 공부가 재미있어진다.

3. 단어를 외울 때 강세와 발음을 함께 외워야하기 때문이다.

'고맙습니다'를 뜻하는 영어는 '땡큐'가 맞을까? '쌩큐'가 맞을까? 정답은 '땡큐'도 아니고 '쌩큐'도 아니다. 영어 'th'는 윗니와 아랫니 사이에 혀를 내밀고 발음하는 소리이다. 한국어 '쓰'와 '뜨'의 중간 발음이다. '3'을 뜻하는 단어 'three'는 '쓰리'일까? '뜨리'

일까? 영어의 'th'는 우리말에 없는 발음이다. 발음 기호 표시를 해서 'θ'이다.

5를 뜻하는 단어 'five'를 우리말로 적으면 '파이브'도 아니고 '화이브'도 아니다. 아랫입술을 윗니 안쪽으로 넣고 발음해야 한다. 영어 철자 f는 'ㅍ'과 'ㅎ'의 중간 발음이다. 그래서 외국에서 "Please give me a fine apple(좋은 사과 가져다주세요)"을 잘 못 발음하면 음식점 점원은 열대과일인 'pineapple'을 가져다 줄 수 있다.

'케잌'이 맞을까? '케이크'가 맞을까? 정답은 '케이크'이다. 영어 cake는 발음이 [keik]이다. 이 경우 어말과 자음 앞의 무성파열음은 '으'를 붙여서 읽는다. 대부분의 외래어는 유성음과 무성음으로 되어 있고 유성음은 'b', 'd', 'g'이고 무성음은 'p', 't', 'k'이다. 그래서 '생일 케잌'이라고 하면 안 되고 '생일 케이크'라고 해야 문법적으로 맞다. 그렇지만 한국인들은 습관적으로 생일 케잌이라는 말을 더 많이 사용한다.

영어 'r'은 'l'과 혼동하기 쉬운 자음들이다. 영어 'right'과 'light'을 예로 들어보자. 이 두 단어를 우리말로 발음하면 어떻게 다를까? 정답은 'right'은 우가 있다고 생각하고 '(우)라잇'이다. 'right'을 절대로 '우라잇'이라고 발음하면 안 된다. '우'는 입모양만 내고 '라잇'이라고 발음하면 된다. 'light'은 우가 없는 '라잇'이다.

"나에게 밥을 주세요."라는 문장을 영어로 말하면 "Please give me rice."이다. 이 문장을 우리말로 하면 "플리즈 기브 미 (우)라이스"이다. 만약 이 문장을 "플리즈 기브 미 라이스"라고 발음했다고 하자. 이 문장을 영어로 말하면 "Please give me lice."가 된다. 우리말로 번역하면 "나에게 이를 주세요."가 된다. '이'란 머리에 사는 길이 1~4mm의 곤충을 말한다. 우리나라가 1950~1960년대에 경제가 좋지 않았을 때 머리 속에 기생하던 곤충이 바로 '이'다. 발음의 차이가 전혀 다른 해석을 가져온다.

영어 듣기가 힘든 이유 중에 하나는 영어의 발음 규칙 때문이다. 따라서 영어의 듣기를 잘 하려면 영어의 발음 규칙들에 대해 잘 알아야 한다. 영어의 발음에는 stressed syllable과 reduced syllable이 있다. 'stressed syllable'은 강하게 발음하는 강세를 의미하고, 'reduced syllable'은 약하게 발음하는 강세를 의미한다. 예를 들면 영어 because를 발음하면 앞에 있는 철자인 'be'는 약하게 발음되는 반면에 뒤에 있는 철자인 'cause'는 강하게 발음된다. 약하게 발음되는 'be'를 reduced syllable이라고 하고 강하게 발음되는 'cause'를 stressed syllable이라고 한다.

영어에는 function words와 content words가 있다. function words는 우리말로 기능어라고 한다. 기능어는 강세를 받지 않는 단어를 말한다. 관사, 대명사 등이 이에 속한다. content words

는 우리말로 내용어라고 한다. 내용어는 강세를 받는 단어를 말한다. 주어와 동사 등이 이에 속한다. "얼마나 오랫동안 아파왔어?"라는 문장을 영작하면 "How long have you been sick?"이다. 이 문장에서는 'How long'과 'sick'이 강세를 받는 단어인 '내용어'에 속하고 'have you been'은 강세를 받지 않는 단어인 '기능어'에 속한다.

영어에는 연결어가 있다. 팝송 가운데 'Nothing's gonna change my love for you'가 있다. "어떤 것도 당신에 대한 나의 사랑을 바꿀 수 없다"라는 내용의 노래이다. 'gonna'는 'going to'의 연결어이다. 'going to'를 빨리 말하면 'gonna'가 된다. 또 'want to'를 빨리 말하면 'wanna'가 된다. "I want to go there"를 빨리 말하면 "I wanna go there"가 된다. 내가 중학교 시절에 영어 선생님들 가운데 한 분은 영어를 원래 발음 그대로 발음하셨다. 그 선생님은 "I want to go there"을 "I wanna go there(아이 워너 고 데얼)"이라고 발음하시지 않고 원래 발음 그대로인 "아이 원트 투 고 데얼"로 발음하셨다. 영어에서 같은 발음이 반복되면 하나의 발음만 하면 된다. 따라서 '원트 투'는 '원 투'로 발음되고 '원 투'는 '워너'로 발음된다. 영어 'gonna'와 'wanna'는 구어체로 많이 사용된다. 모음 사이에 있는 'd'와 't'는 'r'로 발음된다. 예를 들면 영어 'water'의 't'는 'a'라는 모음과 'e'라는 모음 사이에 있다. 따라서 영어 'water'는 워터로 발음되지 않고 '워럴'로 발음된다.

4. 묵음이 많기 때문이다.

영어 'Christmas'는 그리스도를 의미하는 'Christ'와 미사를 의미하는 'Mass'라는 단어가 합해져서 만들어진 합성어이다. 크리스마스는 영어로 쓸 때에는 반드시 Christmas라고 쓰고 발음을 할 때에는 크리스트마스가 아니라 크리스마스라고 발음해야 한다. 그 이유는 중간에 있는 't'라는 철자가 묵음이기 때문이다. '默音(묵음)'이란 소리가 나지 않는 음이라는 뜻이다. 무릎을 뜻하는 단어인 knee, 폭탄을 의미하는 단어인 bomb, 심리학을 의미하는 단어인 psychology 모두 묵음이 있는 단어들이다. 'knee'는 'k'가 발음되지 않아서 '크니'라고 발음하지 않고 '니'라고 발음해야 한다. 'bomb'은 제일 끝에 나오는 철자 'b'가 발음되지 않아서 '밤'이라고 발음해야 한다. 일반적으로 'm'으로 끝나는 철자 다음의 'b'는 묵음인 경우가 많다. 'climb(오르다)', 'limb(四肢, 팔다리)', 'comb(빗)' 등이 그 예이다.' psychology'는 제일 처음에 나오는 철자 'p'가 발음되지 않아서 '사이칼러지'라고 발음해야 한다.

영어를 잘 하기 위해서는 묵음을 잘 알아야 한다. 그래서 한 사람의 영어 공부의 수준을 알려면 묵음이 있는 단어를 발음하도록 해보면 된다. 찬장을 의미하는 단어인 'cupboard'를 A라는 사람에게 발음을 시켜 보았다고 하자. 만약 A라는 사람이 이 단어를 '컵보드'라고 발음하면 영어 공부를 많이 하지 않은 것이다. 만약 A라는 사람이 이 단어를 '커보드'라고 발음하면 영어 공부를 어느 정도 한 것이다. 'cupboard'의 중간에 있는 철자 'p'는 묵음이다.

제 **2** 장
영어의 8품사와
문장의 5형식

1. 영어의 8품사

영어 문법을 공부할 때에는 품사의 이해가 우선이다. 문법을 알기 위해서는 영어의 8품사를 먼저 알아야 한다. 우리말은 9품사이다. 우리말의 9품사는 '명대수동 형관부감조' 즉, 명사, 대명사, 수사, 동사, 형용사, 관형사, 부사, 감탄사, 조사이다. 영어의 8품사는 대명사, 명사, 동사, 형용사, 부사, 접속사, 감탄사, 전치사이다. 영어의 8품사는 "대명동에 있는 형부의 집(접속사)에 놀러갔다가 감전사고가 났다."로 외워라.

우리말에 없는 영어만의 품사는 무엇일까? 우리말에는 없는 영어만의 품사는 바로 '접속사'와 '전치사'이다. 우리말에 나오는

'그리고', '그러나', '그러면' 등은 접속사가 아니라 접속부사로 부사에 속한다. 우리말에 나오는 '~안에', '~위에', '~로부터' 등은 전치사가 아니라 처소격 조사로 조사에 속한다. 그럼 영어에는 없는 우리말만의 품사는 무엇일까? 영어에는 없는 우리말만의 품사는 바로 '수사', '관형사', '조사'이다. 우리말의 수사와 관형사는 영어에는 없고 우리말의 조사도 영어에는 없다. "그는 학교에 갔다." 라는 문장을 품사별로 분류하면 다음과 같다.

그	는	학교	에	갔다.
대명사	주격조사	명사	부사격조사	동사

영어의 8품사

1) 대명사(代名詞, pronoun): 명사를 대신하는 단어이다. 대명사는 인칭대명사와 지시대명사로 나눌 수 있고 인칭대명사는 다시 일반인을 지칭하는 대명사, 소유대명사, 재귀대명사로 나눌 수 있다. 재귀대명사는 행위의 결과가 주어에게 돌아가는 대명사로 쉽게 말해서 'self'가 붙은 대명사를 말한다. 'myself(나 자신)', 'yourself(너 자신)', 'himself(그 자신)', 'herself(그녀 자신)' 등을 재귀대명사라고 한다. 지시대명사에는 '이것(this)', '저것(that)', '그것(it)', '이것들(these)', '저것들(those)', '그것들(them)' 등이 있다.

2) 명사(名詞, noun): 이름을 나타내는 단어이다. 명사의 종류를 외우는 방법이 있다. 그것은 바로 '고추집보물'이다.

명사의 종류				
불가산명사(셀 수 없는 명사)			가산명사(셀 수 있는 명사)	
고유명사	추상명사	물질명사	보통명사	집합명사
ex Sun(태양)	**ex** love(사랑)	**ex** water(물)	**ex** book(책)	**ex** family(가족)

3) 동사(動詞, verb): 움직임을 나타내는 단어이다.

4) 형용사(形容詞, adjective): 모양이나 상태를 나타내는 단어이다.

5) 부사(副詞, adverb): 동사, 형용사, 부사를 수식하는 기능을 하는 단어이다.

6) 접속사(接續詞, conjunction): 단어와 단어, 문장과 문장을 이어주는 단어이다. 접속사에는 등위접속사, 상관접속사, 종속접속사가 있다. 등위접속사는 연결되는 항목들이 서로 대등한 관계에 있는 접속사이다. 예를 들면 'and(그리고)', 'but(그러나)', 'or(또는)', 'so(그래서)', 'for(왜냐하면)'가 있다. 상관접속사는 같은 위치에서 서로 관련된 접속사이다. 예를 들면 not only A but also B(A뿐만 아니라 B도), B as well as A(A뿐만 아니라 B도), not A but B(A가 아니라 B), neither A nor B(A도 B도 아니다),

both A and B(A와 B 둘 다)가 있다. 종속접속사는 접속사가 이끄는 문장이 주절에 대해 종속적인 관계에 있는 접속사이다. 예를 들면 'if(~라면)', 'when(~할 때)', 'as soon as(~하자 마자)', 'once(일단 ~하면)' 등이 있다.

7) 감탄사(感歎詞, interjection): 말하는 사람의 놀람, 느낌, 대답 등을 나타내는 단어이다.

ex Oh my God!(맙소사)

8) 전치사(前置詞, preposition): 명사 앞에 나오는 단어이다. 전치사는 토익 시험에도 아주 잘 나오는 품사이다. 전치사는 그 단어 자체의 뜻만 외우기보다는 어떤 단어와 함께 쓰이는지를 잘 알아야 한다. 예를 들면 "저 산은 눈으로 덮여있다."는 우리말을 영어로 "That mountain is covered ( ) snow."라고 표현할 때 ( ) 안에 어떤 전치사를 써야 할까? 정답은 'with'이다. 이처럼 전치사는 동사와 함께 세트로 쓰이는 전치사들을 무조건 외우는 것이 좋다. 어느 한국인 유학생이 미국에 유학 가서 미국 여자 친구를 사귀었다. 얼마 후 그녀로부터 그에게 편지가 날아왔다. 편지에는 "I'm through with you."라고 쓰여 있었다. 그는 이 문장을 "나는 너와 통한다."라는 의미로 이해했다. 그는 그녀에게 편지를 계속 보냈는데 답장이 없었다. 나중에 알고 보니 "I'm through with you."는 "나는 너와 끝장이야."라는 뜻이었다. 전치

사 'through'는 '~을 통하여'라는 뜻이지만 사람을 나타내는 대명사와 함께 쓰일 때에는 '~와 끝장난'이라는 의미로 쓰인다. "I'm through with you."는 '나는 너와 통한다'라는 뜻이 아니라 "너와 끝장이다."라는 뜻이다. 너를 통과해서 지나가 버렸다는 말이다. 이렇게 관용적 의미로 쓰이는 전치사들을 잘 공부하면 영어 실력이 많이 향상된다.

2. 문장의 5형식

문법은 문장을 보는 눈이다. 문법을 모르고 영어를 공부하는 것은 마치 눈을 감고 길을 가는 것과 같다. 영문법의 가장 기본은 문장의 5형식을 익히는 것이다. 영어의 문법은 5형식으로 이루어져 있다. 5형식을 알면 영문법을 이해하는 데 큰 도움이 된다.

1) 1형식: 주어+동사의 형태로 쓰인 문장으로 "그는 공항에 도착했다(He arrived at the airport)."가 대표적인 예이다. 이 문장에서 at the airport는 수식어이므로 문장 성분에 포함되지 않는다. 이 문장에서 arrived는 自動詞(자동사)이다. 자동사란 목적어를 필요로 하지 않는 동사를 말한다. 1형식의 동사는 보어가 필요 없는 자동사이고 이를 완전자동사라고 한다.

2) 2형식: 주어+동사+보어의 형태로 쓰인 문장이다. "그녀는 행

복하다(She is happy)."가 대표적인 예이다. 이 문장에서 'happy'
는 보어이다. 보어란 보충하는 말이다. 만약 이 문장에서 happy
가 빠지고 "She is"만 있다면 문장이 성립하지 않는다. 왜냐하면
그녀가 어떤 상태인지 알 수 없기 때문이니. 2형식의 동사는 보어
가 필요한 자동사이기 때문에 불완전 자동사라고 한다.

　3) 3형식: 주어+동사+목적어의 형태로 쓰인 문장으로 예를 들
면 "나는 음악가를 만났다(I met a musician)."이다. 'musician'
은 목적어이다. 만약 musician이 빠지고 "I met"만 있다면 문장
이 성립하지 않는다. 왜냐하면 내가 누구를 만났는지 알 수 없기
때문이다. 우리말의 '~을/를'에 해당하는 것을 목적어라고 하고
목적어를 필요로 하는 동사를 '他動詞(타동사)'라고 한다. '타동
사'란 목적어를 필요로 하는 동사를 말한다.

　4) 4형식은 주어+동사+간접 목적어+직접 목적어의 형태로 쓰
인 문장을 말한다. 예를 들면 "어머니는 나에게 옷을 사주셨다
(Mother bought me a dress)."라는 문장에서 me는 '간접 목적어'
이고 a dress는 '직접 목적어'이다. 간접 목적어는 '~에게'라고 해
석하고 직접 목적어는 '~을/를'이라고 해석한다.

　5) 5형식은 주어+동사+목적어+목적격 보어의 형태로 쓰인 문
장을 말한다. 예를 들면 "그는 나를 판사로 만들었다(He made
me a judge)."라는 문장에서 'me'는 '목적어'이고 'a judge'는 '목

적격 보어'이다. 판사가 된 사람은 그가 아니라 나이다. 그래서 me와 a judge는 '= 관계'가 성립한다.

영어 문장의 5형식을 공부하는 이유는 문장의 5형식 안에 영어 문법의 모든 것이 포함되어 있기 때문이다. 문장의 5형식은 각 형식마다 영어 문장으로 하나씩 예를 암기하는 것이 매우 중요하다. 그러면 영어 문법에 대한 이해가 훨씬 쉬워진다.

문법 문제를 잘 풀기 위해서는 기본적인 문법의 이해가 필수적이다. 그러나 토익 문제에서는 단순히 문법 그 자체보다는 문장 속에서의 문법을 묻는 문제가 대부분이다. 만약 전치사가 나오고 빈 칸이 나오는 문제를 풀려면 전치사 다음에는 명사가 나온다는 사실을 알고 있어야 한다. 빈 칸에는 명사가 들어가야 한다. 그래서 이 문제를 풀 때에는 명사인 단어의 형태를 찾으면 정답이다.

영어 문법 가운데에 분사가 있다. 분사는 다시 현재 분사와 과거 분사로 나뉜다. 현재분사는 '~하는'이라고 해석되고 과거분사는 '~해진'이라고 해석한다. 현재분사가 쓰인 예를 들어보자. "방 안에서 자고 있는 아이를 보라."라는 문장을 영작해 보면 "Look at the baby sleeping in the room."이다. "이것은 한국에서 만들어진 상자이다."라는 문장을 영작해보면 "This is a box made in Korea."이다. 어린아이는 스스로 잠을 잘 수 있지만 상자는 스스로 만들 수 없다. 그래서 분사 앞에 나오는 명사가 생물일 경우에는 그 뒤에 현재분사가 나오고 분사 앞에 나오는 명사가 무생물일 경우에는 그 뒤에 과거분사가 나온다.

문법을 어렵다고 생각하면 1형식부터 5형식까지의 문장을 하나씩 외우는 것도 중요하다. "하늘은 스스로 돕는 자를 돕는다(Heaven helps those who help themselves)."라는 문장이 3형식이라는 것을 머릿속에 암기하고 있는 사람은 가수 문주란의 〈남자는 여자를 귀찮게 해(A man annoys a woman)〉라는 노래 제목도 3형식이라는 것을 알 수 있다.

문법 문제를 풀 때 자주 등장하는 문제 가운데 하나가 바로 '상관접속사(相關接續詞)'이다. '상관접속사'란 서로 관련되는 접속사라는 뜻이다. 예를 들면 'A뿐만 아니라 B도'를 영어로는 'not only A but also B'라고 한다. 'A와 B 둘 중의 하나'는 영어로 'either A or B'이다. 'A와 B 둘 다'는 영어로 'both A and B'이다. 이런 상관접속사들을 알아두면 문법 문제를 푸는 데 아주 유리하다.

문법을 공부하는 것은 공식을 알아야만 수학 문제를 푸는 것과 같다. 영어의 문법은 수학의 공식과 같은 것이다. 문법을 공부하는 것은 문법 문제를 푸는 데만 도움 되는 것이 아니라 듣기, 독해, 영작에도 많은 도움이 된다. 영어에 기초가 없는 사람에게는 『성문 기초 영문법』이나 『맨 투 맨 기초 영문법』을 추천한다. 문법책을 처음부터 끝까지 읽는 것은 영어 사전을 처음부터 끝까지 읽는 것과 같다. 독해를 하다가 이해하지 못하는 부분을 문법책을 보면서 공부하는 것이 훌륭한 문법 공부 방법이다.

"A man who knows two languages is worth two men."이라는 프랑스 속담이 있다. "두 개의 언어를 아는 사람은 두 사람의 가치가 있다."라는 뜻이다. 언어를 안다는 것은 또 다른 세계를 아는 것이다.

영어의 8 품사와 문장의 5 형식

제 **3** 장

영어 공부 비법

1. 영어 읽기 비법

독해 실력을 향상시키는 방법은 왕도가 없다. 영어로 된 많은 문장들을 공부하는 것이다. 영어 독해의 초보자는 중학교 1학년 자습서부터 공부하라. 영어 독해의 가장 기본은 튼튼한 기초를 세우는 것이다. 영어 독해와 관련된 여러 책들이 있지만 초보자는 중학교 1학년 자습서에 나오는 독해를 공부하는 것을 추천한다. 중학교 3학년 영어 자습서까지 공부한 사람은 이제 영어 독해 공부의 중급 단계로 들어가 보자. 영어 독해의 중급 단계 공부법으로 이찬승의 『리딩 튜터』(능률교육)를 공부하는 것을 추천한다. 중급으로 갈수록 단어의 내용이 점점 어려워진다. 모르는 단어들은 그때그때 외워두는 것이 좋다.

영어 독해 공부의 고급 단계는 영어로 된 원서, 특히 문학작품들을 많이 읽는 것이다. 문학 작품 속에는 많은 관용적 표현들과 문화가 들어 있기 때문에 독해력을 높이는 데 이보다 더 좋은 교재가 없다. 내가 원서 강독을 좋아하는 이유는 작품 속에 담긴 의미를 원어로 읽어보는 즐거움에 있다. 원서를 읽음으로써 나의 영어 실력은 한층 더 향상된다.

초보자가 원서를 강독한다는 것은 쉬운 일이 아니다. 나의 원서 공부법을 하나 이야기해보겠다. 시사 영어사에서 나온 100권짜리 영한대역문고가 있다. 이 중에 내가 관심 있는 작품을 한 권만 원서로 읽어도 좋다. 이 책에는 '원문과 함께 하는 세계 명작의 향기'라는 말이 적혀 있다. 이 책의 왼쪽 페이지에는 영어가 나와 있고 오른쪽 페이지에는 우리말이 나와 있다. 우리말 해석을 보며 원서를 공부하다 보면 영어 실력은 쑥쑥 향상된다고 확신한다.

토익에도 독해 파트가 있다. Part Ⅵ는 독해 문제로 131번부터 200번까지 모두 70문제가 출제된다. 독해 문제를 푸는 요령은 지문 밑에 있는 문제를 먼저 보는 것이다. 문제를 본 후 문제와 관련된 내용들을 독해를 하며 찾아내는 것이 매우 중요하다. 토익 독해 문제는 지문 속에 문제와 관련된 답이 나와 있다. 토익 독해에는 실용적인 지문이 등장한다. 그래서 집중해서 문제를 본 후 독해 지문을 읽으면 답을 찾는 것이 그리 어렵지 않다. 문제는 시간이다. 따라서 미리 토익 모의고사 문제를 풀 때 한 지문 당 내가 몇 분 동안 문제를 풀었는지를 꼼꼼하게 기록해 두어라. 그런 다음 틀린 문제들을 다시 정리하는 오답 노트를 만들어라. 그것이 토익 시험에서 좋은 성적을 얻는 지름길이다. 토익의 경향을 알고 나의 수준을 안 후 경향에 맞게 토익을 공부하면 반드시 좋은 결과가 있을 거라고 확신한다.

2. 영어 쓰기 비법

영어의 꽃은 '영작'이다. 그 이유는 영작에는 영어의 모든 것들이 들어있기 때문이다. 영작과 영문법의 관계는 동전의 양면과 같다. 영문법의 토대가 없이는 절대로 좋은 영작이 이루어지지 않는다. 우리말로 작문하기도 쉽지 않은데 하물며 영어로 작문한다는 것은 결코 쉬운 일이 아니다. 그러면 초급, 중급, 고급으로 나누어서 영작에 대해 이야기해 보도록 하겠다.

영작을 잘 하려면 영문법 공부를 많이 해야 한다. 매일 일기를 쓰는 것을 추천한다. 일기만큼 멋진 영작 공부는 없다. 영작의 핵심은 문법으로 회귀한다.

영작을 처음 시작하는 사람들은 기본 문장부터 영작하는 것이 매우 중요하다. 그 이유는 기본이 튼튼해야 영작 실력이 향상되기 때문이다. 영작을 잘 하는 비법 중 하나는 속담, 격언 등 많은 영어 문장들을 암기하는 것이다. 우리말 문장을 그대로 영어로 옮긴다고 해서 영작이 되는 것이 아니다. 영작을 하려면 영어권의 문화를 잘 이해해야 한다.

영작의 실력이 어느 정도 향상되면 한 주제로 스스로 영작을 해보는 것이 좋다. 영작을 한 후에는 원어민의 감수를 받는 것이 좋다. 영작을 잘 하려면 영어 연설문들을 많이 보고 듣는 것이 좋다. 왜냐하면 영어 연설문에는 연설한 분들의 생각이 집약적으로 나타나 있기 때문이다. 『리더들의 명연설문 베스트 30』(탑메이드북)이나 『미국 명연설문 베스트 50』(탑메이드북) 등을 통해 지도자들이 자신의 생각을 어떻게 영어로 표현했는지를 알아보는 것도 즐거운 영어 작문 공부 방법이다.

영작 공부 비법	
초급	기본 문장들을 영작하라.
중급	영어에만 쓰이는 표현들을 공부하고 이를 영작하라.
고급	하나의 주제를 생각하고 이를 영어로 영작하라. 영어 명연설들을 보며 우리말 표현들이 어떻게 영어로 옮겨졌는지 잘 살펴보라.

3. 영어 듣기 비법

영어 듣기가 초급인 사람은 팝송을 청취하는 것을 추천한다. 초보자도 따라 하기 쉬운 영어 동요 가운데 'Ten Little Indians(열 꼬마 인디언)'와 'Twinkle Twinkle Little Star(반짝 반짝 작은 별)'가 있다. 요즘은 유치원에서부터 영어를 공부하기 때문에 이 노래들은 아주 부르기 쉬울 수도 있다. 기본적인 동요와 가사들의 이해가 된 후에는 조금씩 더 어려운 팝송들을 공부하면 된다. 특히 영화에 나오는 팝송을 공부하면 영어가 더 재미있어진다. 듣기를 공부할 때에는 가사의 문법적인 규칙이나 어려운 단어의 뜻에 유의하기보다는 원어민의 발음을 그대로 따라서 부르는 게 좋다.

영어 듣기의 초급 단계인 팝송 공부가 어느 정도 된 후에는 조금씩 어려운 팝송을 공부할 것을 추천한다. 영화 〈맘마미아〉의 시작 부분에 나왔던 팝송 'I have a dream'같은 쉬운 영어가 나오는 팝송을 공부하기를 추천한다. 팝송 'I have a dream'에 나오는 단어와 가사들을 익히고 이 팝송을 잘 따라 부르게 되면 영화 〈타이타닉〉의 주제가인 팝송 'My heart will go on'을 연속해서 들어보기를 추천한다. 이 노래를 완벽히 익혔다면 'My way'와 같은 고급의 팝송을 들어볼 것을 추천한다.

자막 없이 영어가 들릴 때까지 자막 있는 영화를 5회 이상 시청하라. 영화는 어떤 영화든 좋다. 로맨틱 영화도 좋고 서부 영화도 좋고 공포 영화도 좋다. 자신의 취향에 맞는 영화를 선정하라. 영화가 선정이 되었으면 자막이 설치된 TV를 보거나 영어 자막이 있는 영화를 선정하라. 영국식 영어와 미국식 영어가 함께 나오는 영화 〈노팅힐〉을 강력히 추천한다. 이 영화를 5회 이상 시청하라. 자막이 없어도 영어가 들릴 때까지 그 영화를 시청하라. 영화 대사가 잘 들리면 이제는 〈프렌즈〉와 같은 미드(미국 드라마)를 통해 영어를 공부하는 것은 좋은 영어 공부 방법이다.

팝송과 미드를 통해 영어 듣기 실력이 향상되었으면 이제는 영어 뉴스나 AFKN(주한미군방송)을 계속해서 청취하라. 영어 뉴스와 AFKN은 말의 속도가 매우 빠르다. 그래서 매일 시간 날 때마다 계속해서 청취하는 것이 필요하다. 미국 드라마나 영미 영화를 보거나 팝송과 영어 뉴스를 들을 것을 추천한다.

취업할 때 필요한 인증 서류 가운데 하나가 토익 성적표이다. 토익에서 듣기가 차지하는 비중은 매우 크다. 토익(TOEIC)은 Test of English for International Communication의 약자로 '국제적인 의사소통을 위한 영어 시험'이라는 뜻이다. 토익을 공부할 때에는 문제를 푸는 요령이 있다.

듣기 문제는 크게 네 파트로 나뉜다. 먼저 Part I은 사진을 보고 그 사진의 내용을 묘사하는 정답을 찾는 문제이다. Part I에서는 문제를 듣기 전 사진의 상황을 잘 생각하고 문제를 풀어야한다. 단지 사진에 있는 단어가 영어로 나온다고 해서 정답이 아니다. 사진과 관련된 상황을 머릿속에 잘 생각하며 문제를 풀어라. Part I에서는 6문제가 출제된다. Part I의 선택지는 네 개로이루어져 있다.

Part II는 짧은 영어 질문에 대한 답을 찾는 문제이다. Part II에서는 맨 앞에 나오는 의문사나 조동사, be동사, 일반 동사에유의해서 문제를 들어야 한다. 문두에 'Where'가 나오면 장소를의미하는 선택지가 정답이다. 문두에 'When'이 나오면 시간이나숫자를 의미하는 선택지가 정답이다. 문두에 'Who' 가 나오면 인칭 대명사가 나오는 선택지가 정답이다. 만약 인칭 대명사가 있는선택지가 두 개인 경우에는 인칭 대명사 뒤의 동사에 주목하라.문두에 'What'이 나오면 바로 명사가 나오는 선택지가 정답이다.문두에 'Why'가 나오면 이유를 의미하는 선택지가 정답이다. 문두에 'May'가 나오면 'Sure', 'Of course' 등이 나오는 선택지가정답이다. Part II에서는 25문제가 출제된다. Part II의 선택지는세 개이다. Part I 6문제와 Part II 25문제를 합하면 Part I과 Part II에 나오는 문제는 모두 31문제이다. Part I과 Part II의 문제는 거의 맞추어야 한다. 토익 듣기 문제는 Part III와 Part

Ⅳ의 문제가 Part Ⅰ과 Part Ⅱ의 문제보다 훨씬 어렵다.

Part Ⅲ는 짧은 대화를 듣고 정답을 찾는 문제이다. 보통 한 지문 당 세 개의 문제가 나온다. 미리 문제를 보고 대화를 들으면서 문제와 관련된 부분을 잘 생각하라. 그냥 우두커니 대화만 듣고 있으면 정답을 찾기가 쉽지 않다. 그래서 듣다가 중요한 부분은 메모하는 것도 중요하다. Part Ⅲ 문제를 들을 때 모르는 단어가 들려도 그냥 넘어가라. 토익 듣기에서는 어려운 단어를 아는 것보다 전체 상황을 파악하는 것이 훨씬 중요하다. Part Ⅲ에서는 39문제가 출제된다. Part Ⅲ의 선택지는 네 개이다. Part Ⅰ 6문제, Part Ⅱ 25문제, Part Ⅲ 39문제를 합하면 모두 70문제이다.

Part Ⅳ는 대화문이 아닌 발췌문이나 메시지와 같은 짧은 이야기이다. 아마 토익 듣기의 네 유형 가운데 가장 어려운 유형일 것이다. Part Ⅳ의 문제를 잘 맞추느냐 못 맞추느냐에 따라서 토익 고득점이 결정된다. Part Ⅳ 문제는 한 사람의 이야기가 계속해서 진행된다. 그래서 이야기의 흐름을 잘 따라가야 한다. Part Ⅳ에서는 30문제가 출제된다. Part Ⅳ의 선택지는 네 개이다. Part Ⅰ 6문제, Part Ⅱ 25문제, Part Ⅲ 39문제, Part Ⅳ 30문제를 합하면 모두 100문제이다.

듣기 유형에서 점수가 잘 나오지 않는 분들은 먼저 토익 듣기 모의고사 문제를 풀고 자신이 틀린 문제를 검토해볼 것을 권유한다. 토익 듣기 점수가 잘 나오지 않는 분들은 특히 Part Ⅲ와 Part Ⅳ에 신경을 써야 한다. Part Ⅲ와 Part Ⅳ의 문제는 지문을 듣기 대본을 보지 않고도 머릿속에서 그려질 정도로 반복해서 들어볼 것을 적극 추천한다. 그렇게 되면 다른 듣기 문제가 나오더라도 이해하기가 쉬워진다.

4. 영어 말하기 비법

큰 소리로 말하라. 말하려면 큰 소리로 읽는 것이 매우 중요하다. 입의 경험이 머릿속 경험보다 중요하다. 크게 낭송하며 읽을 때 말하기 능력이 크게 향상되는 것이다. 우리는 태어나서 죽을 때까지 말을 하면서 살아간다. 갓난아기는 어른들의 말을 들으며 옹알이를 한다. 갓난아기는 어른들의 말을 끊임없이 반복해서 들으며 비로소 말을 하게 된다. 영어 말하기 공부도 이와 마찬가지이다. 외국인에게 나의 주장을 펼치려면 외국어로 나의 생각들을 표현해야 한다. 아무리 나에게 많은 생각들이 있다고 할지라도 그 생각들이 원어민의 언어로 표현되어야만 원어민과 대화를 할 수 있는 것이다.

말하기 공부의 초급 단계에서는 외국인이 하는 말을 따라 하는 것이 아주 중요하다. 내가 중문학과에서 초급 중국어를 공부할 때 원어민의 말을 따라 하는 시간이 있었다. 온라인에서 원어

제 3 장 영어 공부 비법

민 교수님이 중국어로 말하면 그 말을 따라 하는 것이 초급 중국어 공부의 핵심이었다. 이렇게 원어민의 발음을 그대로 따라 하는 것을 '섀도잉(shadowing)'이라고 한다. 기초적인 섀도잉 공부가 된 후에는 영화 자막을 보면서 원어민의 말을 그대로 따라해 보라. 처음부터 모든 영어를 따라할 수는 없다. 처음에는 짧은 문장을 따라하고 점점 더 긴 문장을 따라 말하는 노력을 하라. 그러나 우리가 아무리 정확하게 발음하려고 해도 미국인과 똑같이 발음할 수는 없다. 우리는 미국인처럼 발음하려고 노력하는 것일 뿐이다. 완벽하게 원어민의 말과 똑같아지려고 노력할 필요는 없다. 우리가 하고자 하는 말을 원어민의 말로 전달하는 것이 더 중요하기 때문이다.

말하기 공부의 중급 단계가 되면 영어로 된 명연설문을 큰 소리로 읽어라. 영어로 된 명연설문 속에는 연설자의 확고한 생각들이 들어가 있다. 그 연설문을 큰 소리로 읽으면 마치 내가 실제로 연설을 한 연설자처럼 느껴진다. 최소한 다섯 번은 큰 소리로 연설문을 읽어라. 내가 영어를 공부하던 시절에는 고등학생이 되면 반드시 공부해야 할 교재가 『성문 종합 영어』(성문출판사)였다. 이 책에는 역대 대통령이나 위대한 위인들의 연설문이 많았다. 그 연설문들을 큰 소리로 읽었던 것이 나의 영어 말하기에 많은 도움이 되었다. 요즘은 세상이 너무 좋아져서 인터넷으로도 명연설문들을 검색할 수 있고 명연설문들을 모아 놓은 책들도 많다. 연설문으로 영어 말하기 능력을 향상시켜라.

명연설문으로 말하기 능력이 향상된 후에는 원어민과 하나의 주제를 가지고 자유롭게 말하라. 원어민과 자유롭게 이야기하는 방법은 여러 가지가 있다. 실제 원어가 사용되는 나라로 어학연수나 유학을 가는 것이 영어 말하기 능력을 높은 수준으로 끌어올리는 가장 좋은 방법이다. 그러나 원어가 사용되는 나라에 간다고 해도 외국인과 대화를 하지 않으면 말하기 능력이 향상되지 않는다.

만약 사정상 외국에 가기 힘들면 외국인과 하는 전화 영어도 좋은 방법이다. 그러나 전화 영어의 단점은 서로 얼굴을 보고 대화하지 못한다는 점에 있다. 외국인과 대화를 할 때에는 그 사람의 얼굴 표정과 몸의 동작을 보면서 대화하기 때문이다. 어학원의 회화 반에서 영어권 원어민들과 자유롭게 대화하는 것(free talking)을 추천한다. 지금까지의 내용을 도표화하면 다음과 같다.

말하기 공부	
초급	영화 자막을 보고 따라 읽어라(shadowing).
중급	영어로 된 명연설을 큰 소리로 읽어라.
고급	외국인들과 하나의 주제를 가지고 자유롭게 말하라.

우리가 영어 말하기를 힘들어하는 이유 가운데 하나가 우리말을 먼저 생각하고 이를 영어로 어떻게 옮길 것인가를 생각하기 때문이다. 우리말과 달리 영어는 주어 다음에 바로 동사가 나온다. 그래서 영어로 말할 때에는 주어 다음에 동사를 쓰고 'that'이나 'because'와 같은 접속사를 사용해서 대화를 진행하면 된다. 원어민과 하나의 주제에 대해 자유롭게 이야기하다 보면 영어 말하기 능력은 나도 모르게 높은 수준으로 향상된다. 말을 하지 못할까 두려워하지 마라. 처음부터 말을 잘 하는 사람은 없다. 발음을 유창하게 하는 것도 중요하지만 영어로 나의 의사를 표현하는 것이 더 중요하다. 명심하라. 이 세상에 노력 없이 이루어지는 것은 아무 것도 없다.

5. 해외여행 영어 비법

해외여행을 떠날 때 꼭 알아야 할 것 가운데 하나가 바로 외국어이다. 외국어 가운데 가장 중요한 언어가 바로 영어이다. 외국을 여행하면 꼭 들르는 곳 가운데 한 곳이 시장이다. 시장에서 물건을 구입할 때 필수적으로 묻는 표현이 바로 "가격이 얼마예요?"이다. "가격이 얼마예요?"를 영어로 무엇이라고 할까? 정답은 "How much is it?"이다. 다른 영어 표현으로 "How much do I owe you?"가 있다. 직역하면 "얼마나 많이 내가 당신에게 빚지고

있느냐?"이다. "가격이 얼마예요?"를 일본어로는 무엇이라고 할까? 정답은 "이꾸라데스까.いくらですか。"이다. "가격이 얼마예요?"를 중국어로는 무엇이라고 할까? 정답은 '뚜오샤오치엔?多少钱?'이다.

또 외국 여행을 하다가 가장 많이 묻는 질문 가운데 하나가 바로 무엇이 어디에 있는지 묻는 것이다. 그러면 "실례합니다. 지하철역이 어디에 있습니까(Excuse me. Where is the subway station)?"라고 말하면 된다. 지하철이라는 단어밖에 생각나지 않으면 "Subway?"라고 말하면서 끝을 올려주면 된다. 여행 영어 초보자는 필수적인 명사만 100여개를 알아둔 후 여행을 하면 좋다. 정말 언어에 울렁증이 있는 분들은 스마트폰 플레이 스토어에서 외국어 번역기를 다운로드해 사용하는 것도 좋다.

대부분의 국가에서는 영어가 통용된다. 그러나 일본으로 여행을 갈 경우에는 영어가 거의 통용되지 않는다고 생각해야 한다. 일본으로 여행을 갈 경우에는 일본어 공부를 조금 하고 일본으로 가는 것이 좋다. 여행을 떠날 때 외국어를 좀 알아야겠다고 느끼면 포켓 여행 가이드북 여행 외국어 책자들이 있다. 이 책자들을 가지고 여행을 가는 것도 많은 도움이 될 수 있다. 초보자들을 위해 포켓 여행 가이드북 여행 외국어 책자의 부록에 '가나다'의 순으로 필수 여행 단어들이 나와 있다. 이 단어들을 공부하는 것도 아주 중요한 공부 방법이다. 포켓 책자의 기본 단어를 어느 정도 공부했으면 중급자들은 공항, 호텔, 관광, 교통 등에 관한 기본적인 외국어를 공부하는 것이 좋다. 여행 영어를 공부할 때 가장 중요한 것은 실제로 그 언어가 사용되는 현지에 가는 것이다.

미국의 칼럼니스트인 플로라 루이스(Flora Lewis)는 "Learning another language is not only learning different words for the same things, but learning another way to think about things."라고 말했다. 다른 언어를 배우는 것은 똑같은 것들에 대한 다른 단어들을 배우는 것뿐만 아니라 사물들에 대해 생각하는 또 다른 방법을 배우는 것이라는 뜻이다.

지구촌 시대에 영어를 안다는 것은 언어를 보는 또 하나의 눈을 가지는 것이다. 길을 가다가 발견하는 영어 간판, 영어로 된 영화 제목, 영어 신문 등을 통해서도 영어를 공부하면 해외여행에서 멋진 영어를 구사하고 있는 당신을 발견하게 될 것이다.

6. 영단어 테스트

감정을 나타내는 형용사와 명사들을 많이 암기하면 좋다. 몇 가지 예를 들어보도록 하겠다. 빈 칸에 알맞은 뜻을 써라,

감정을 의미하는 형용사	영단어
	lonely
	hopeful
	nervous
	excited
	satisfied
	discouraged
	regretful
	frustrated
	furious

이제 정답을 확인해 보라.

감정을 의미하는 형용사	영단어
외로운	lonely
희망적인	hopeful
초조한	nervous
흥분한	excited
만족한	satisfied
낙담한	discouraged
후회하는	regretful
좌절을 느끼는	frustrated
격노한	furious

이 외에도 감정을 나타내는 형용사들은 매우 많다. 자신만의 형용사 노트를 만드는 것이 매우 중요하다. 명사는 내 방에 있는 물건들부터 영어로 적어보는 연습을 하라. 예를 들면 내 방에 있는 연필, 책, 책상, 잭꽂이, 핸드폰 등을 영어로 써보라. 그 다음 거실에 있는 단어들을 영어로 써보라. 예를 들면 진공청소기, 전화기, 창문, 냉장고, 전자레인지, 식탁 등을 영어로 써보라. 그 다음에는 안방에 있는 단어들을 영어로 써보라. 예를 들면 침대, 커튼, 서랍, 여권 등을 영어로 써보라. 이런 단어들이 완성되면 지하철, 편의점, 세탁소 등 우리가 자주 가는 곳을 영어로 써보라. 이렇게 명사를 공부하다 보면 당신은 한 달 만에 엄청난 명사들을 공부하게 될 것이다.

영어 초보자는 명사와 형용사만 제대로 공부해도 이미 영어 공부의 문턱을 지나 거실로 들어왔다는 사실을 명심하라. 또한 명사는 내 방부터 거실 그리고 주변으로 그 대상을 확산시켜라. 그리고 독서카드에 정리해서 매일 보도록 하라. 그리고 일주일에 한 번씩 도표를 만들어서 명사만 보이게 하고 영단어 부분은 가린 뒤 단어를 암기했는지 스스로 단어 시험을 보도록 하라. 이것이 바로 왕초보 영어 탈출의 지름길이다.

명사	영단어
연필	pencil
책	book
책상	desk
책꽂이	bookshelf
진공청소기	vacuum cleaner
전화기	telephone
창문	window
냉장고	refrigerator
전자레인지	microwave oven
식탁	table
침대	bed
소파	sofa
서랍	drawer
핸드폰	mobile phone
여권	passport
커튼	curtain
지하철	subway
편의점	convenience store

੭ 탈춤과 판소리를 영어로 무엇이라고 할까?

탈춤은 영어로 'mask dance'이다. '가면을 쓰고 추는 춤'이라는 뜻
이다. 중국어로 탈춤을 '假面舞(찌아미엔우)'라고 한다. 일본어로는 假
面舞蹈(かぬんぶとうカメンブ또우)라고 한다. 그럼 판소리는 영어로 무
엇이라고 할까? 'pansori'라고도 하고 'Korean mono opera'라고
도 한다. 직역하면 "한국의 1인 오페라"라는 뜻이다. 판소리를 중국어
로 하면 '板索里(반수오리)'이고 판소리를 일본어로 하면 'パンソリ(빤
소리)'이고 판소리는 프랑스어로 해도 'pansori'이고 스페인어로 해도
'pansori'이다. 판소리는 한국에서 만들어진 용어이기 때문에 세계 어
떤 나라의 말로 사용되어도 판소리이다. 관광학에서 쓰이는 용어 가운
데 '문화관광'이라는 용어가 있다. 문화관광이란 한 나라의 특징적인 문
화를 보여주는 관광을 말한다. 이렇게 여러 학문을 공부하면 학문 간의
전이(transfer)가 가능해지고 생각이 보다 깊어질 수 있다.

중학교 1학년부터 고등학교 3학년까지 수능 시험을 치르기 위해 알아야 할 영단어는 5천 단어이다. 이것을 도표로 나타내면 다음과 같다.

학년	외워야 할 영단어	영단어의 합
중1	500 단어	500 단어
중2	600 단어	1100 단어
중3	700 단어	1800 단어
고1	1500 단어	3300 단어
고2	1700 단어	5000 단어
고3	수능 문제 풀이	5000 단어

위에 나오는 도표는 하나의 기준일 뿐이다. 중학교 때 3천 단어를 외워도 좋다. 중요한 것은 대학 수학능력시험을 치르기 위해서는 5천 단어는 알아야 한다는 것이다. 한 병사가 전쟁에 참전해서 총을 들고 적들을 향해서 방아쇠를 당겼다. 그런데 총알이 나가지 않았다. 그는 좋은 총은 가지고 있었지만 그의 탄창에는 총알이 들어있지 않았다. 그가 아무리 사격 자세가 좋아도 총알이 나가지 않으면 아무 의미가 없다. 단어는 전쟁에서의 총알과 같다. 한 사람이 아무리 문법을 많이 안다고 해도 단어를 모르면 아무 소용이 없다. 그러면 초급, 중급, 고급에 따라 영단어를 공부하는 법에 대해 알아보기로 하자.

먼저 초급인 경우 『바로바로 영어 독학 단어장』(탑메이드북)을 공부하라. 단어는 매일 몇 단어씩 외우겠다는 목표를 설정하고 반드시 이 목표를 지켜야 한다. 아래의 도표를 보고 영단어의 뜻을 우리말로 적어보라.

번호	영단어	우리말 뜻	번호	영단어	우리말 뜻
1	pepper		11	beer	
2	blanket		12	chopstick	
3	creek		13	cough	
4	butterfly		14	village	
5	ceiling		15	mayor	
6	shore		16	snake	
7	load		17	cousin	
8	coal		18	vegetable	
9	comb		19	drugstore	
10	beggar		20	rat	

빈 칸을 채웠으면 아래에 있는 도표를 보고 채점하라.

번호	영단어	우리말 뜻	번호	영단어	우리말 뜻
1	pepper	후추	11	beer	맥주
2	blanket	담요	12	chopstick	젓가락
3	creek	시냇물	13	cough	기침

4	butterfly	나비	14	village	마을
5	ceiling	천장	15	mayor	시장(市長)
6	shore	물가, 해변	16	snake	뱀
7	load	짐, 부담	17	cousin	사촌
8	coal	석탄	18	vegetable	채소, 야채
9	comb	빗	19	drugstore	약국
10	beggar	거지	20	rat	쥐

채점이 끝났으면 아래 점수에 따른 설명을 시험지에 적어라.

맞은 개수	점수에 따른 설명
15개 이상	참 잘했어요
10개-14개	잘했어요
6개-9개	노력 요함
5개 이하	노력 많이 요함

영단어는 외우는 것으로만 끝내면 안 되고 반드시 자신이 외운 단어들에 대해 스스로 시험을 봐야 한다. 영어 단어 암기가 다 되었으면 이번에는 반대로 시험을 보라.

번호	영단어	우리말 뜻	번호	영단어	우리말 뜻
1		후추	11		맥주

2		담요	12		젓가락
3		시냇물	13		기침
4		나비	14		마을
5		천장	15		시장(市長)
6		물가, 해변	16		뱀
7		짐, 부담	17		사촌
8		석탄	18		채소, 야채
9		빗	19		약국
10		거지	20		쥐

위의 빈 칸을 영어 단어로 완벽히 쓸 줄 알아야만 진정으로
단어 공부를 한 것이다. 내가 생각할 때에는 하루에 영단어 20개
씩 외우는 것이 좋다. 이렇게 스스로 도표를 만들어서 매일 단어
시험을 보라. 그러면 100일 후면 당신도 모르게 2천 단어는 거뜬
히 알게 될 것이다.

중급인 경우 『우선순위 영단어(고등)』(비전)을 공부하라. 아래
의 도표를 보고 영단어의 뜻을 우리말로 적어보라.

번호	영단어	우리말 뜻	번호	영단어	우리말 뜻
1	deliberate		11	assemble	
2	eternal		12	retreat	
3	warrant		13	grumble	

4	aspect		14	unique	
5	magnificent		15	quote	
6	commonplace		16	gratitude	
7	artificial		17	virtue	
8	humble		18	vice	
9	affirmative		19	approve	
10	equator		20	privilege	

빈 칸을 채웠으면 아래에 있는 도표를 보고 채점하라.

번호	영단어	우리말 뜻	번호	영단어	우리말 뜻
1	deliberate	신중한	11	assemble	모이다
2	eternal	영원한	12	retreat	물러가다
3	warrant	보증하다	13	grumble	불평하다
4	aspect	양상, 국면	14	unique	독특한
5	magnificent	장대한	15	quote	인용하다
6	commonplace	평범한	16	gratitude	감사
7	artificial	인공적인	17	virtue	미덕
8	humble	겸손한	18	vice	악덕
9	affirmative	긍정적인	19	approve	승인하다
10	equator	적도	20	privilege	특권

영어 단어 암기가 다 되었으면 이번에는 반대로 시험을 보라.

번호	영단어	우리말 뜻	번호	영단어	우리말 뜻
1		신중한	11		모이다
2		영원한	12		물러가다
3		보증하다	13		불평하다
4		양상, 국면	14		독특한
5		장대한	15		인용하다
6		평범한	16		감사
7		인공적인	17		미덕
8		겸손한	18		악덕
9		긍정적인	19		승인하다
10		적도	20		특권

이렇게 단어장을 가지고 단어를 공부하는 방법에 대해 알아보았다.

고급인 경우 단어의 동의어를 통해 공부하라.

번호	영단어	우리말 뜻	번호	동의어	우리말 뜻
1	farmer	농부	1	peasant	농부
2	walker	걷는 사람	2	pedestrian	보행자
3	huge	거대한	3	enormous	거대한
4	forest	숲	4	woods	숲
5	occupation	직업	5	calling	직업

그럼 이번에는 반의어를 통해 영어를 공부해보자.

번호	영단어	우리말 뜻	번호	반의어	우리말 뜻
1	sunrise	일출	1	sunset	일몰
2	virtue	미덕	2	vice	악덕
3	expensive	값비싼	3	cheap	값싼
4	encourage	고무시키다	4	discourage	낙담시키다
5	vague	애매한	5	definite	확실한

이렇게 한 단어를 외울 때 그 단어와 연관되는 동의어와 반의어를 외우면 영단어 실력이 크게 향상된다. 지금까지 영단어 외우는 방법에 대해 알아보았다. 이를 도표로 정리하면 다음과 같다.

영단어 공부법	
초급	『바로바로 영어 독학 단어장』을 공부하라.
중급	『우선순위 영단어(고등)』을 공부하라.
고급	단어의 동의어, 반의어를 통해 공부하라.

　내가 제시한 단어들은 하나의 예일 뿐이다. 이 외에도 무수히 많은 단어와 동의어와 반의어가 있다. 스스로 자신의 단어장을 만들어라. 그러면 당신은 진정한 영단어의 고수가 될 것이다.

제 **4** 장

영어 공부 전략

1. 외국어들과의 비교를 통한 영어 공부 전략

외국어들의 공통점은 무엇일까? 외국어들의 공통점은 바로 모음이 있다는 사실이다. 모음이 없으면 글자가 만들어지지 않는다. 그러면 모든 외국어의 차이점은 무엇일까? 언어의 형태와 발음이 다르고 성조가 있는 외국어도 있고 성조가 없는 대신 강세가 있는 외국어도 있다. 어순에 있어서도 외국어마다 차이가 있다. 한국어는 SOV(주어+목적어+동사(서술어)) 구조이다. 그러나 영어는 SVO(주어+동사(서술어)+목적어) 구조이다. 일본어의 어순도 한국어의 어순과 같다. "나는 너를 사랑해."라는 문장을 한국어, 일본어, 중국어, 영어로 표현해 보자.

나는 너를 사랑해.	
한국어	나는 너를 사랑해.
중국어	我愛你. 워아이니.
일본어	私(わたし)はあなたを愛(あい)してる. 와타시와 아나타오 아이시떼루
영어	I love you.

　한국어의 '은(는)'을 '주격조사'라고 하고 한국어의 '을(를)'을 '목적격 조사'라고 한다. 한국어와 일본어의 공통점은 어순이 같고 조사가 있다는 점이다. "나는 너를 사랑해."라는 문장에서 한국어 '는'이 일본어 'は'이고 한국어 '를'이 일본어 'を'이다. 단어에 문법적인 기능을 가진 조사와 어미가 있는 언어를 '교착어'라고 한다. 그런데 한국어에서는 "나는 너를 사랑해."라는 말을 "나 너 사랑해."라고 하기도 한다. 가수 장덕, 장현이 부른 〈나 너 좋아해. 너 나 좋아해〉라는 노래가 있다. 이것은 한국어에 있어서의 조사의 생략이다. 그러나 일본어에서는 "나는 너를 사랑해."라는 말을 "私(わたし) あなた 愛(あい)してる. 와타시 아나타 아이시떼루"라고는 잘 쓰지 않는다. 우리말이 일본어보다 조사의 생략에 있어서 더 융통성이 있다고 할 수 있다. 중국어와 영어는 한국어와 일본어처럼 'SOV 구조'가 아니라 'SVO 구조'이고 조사가 없다는 것이 공통점이다. 중국어는 단어마다 성조를 가지고 있지만

영어는 성조 대신에 강세(accent)가 있다.

품사로 보면 한국어는 단어가 명사, 형용사, 부사, 동사의 형태가 다르지만 중국어는 한자 한 단어가 상황에 따라 명사, 형용사, 부사, 동사 등으로 쓰인다. 그 이유는 중국어는 한자 자체를 변형시킬 수 없기 때문이다. 이렇게 문법적 관계가 어형의 변화 대신에 문장의 어순에 의해 결정되는 언어를 '고립어'라고 한다. 한국과 중국 두 나라는 한자 문화권 국가이다. 그러나 한국어로 '상호(相互)'는 중국어로는 '후시앙(互相)'이 된다.

한국어는 받침으로 쓸 수 있는 단어들이 많은데 일본어는 받침으로 쓸 수 있는 단어가 'ん응'과 'っ츠'밖에 없다. 예를 들면 책을 뜻하는 일본어는 'ほん홍'이 되고 '가득'을 뜻하는 일본어는 'いっぱい잇빠이'이다. 이 외의 모든 단어는 일본어에서는 받침으로 쓰이지 않는다. 그래서 한국의 '김치'를 일본어에서는 'キムチ키무치'라고 하고 컵을 'コップ콧푸'라고 발음한다.

TV를 보면 연기자들이 "일 없슴돠."라고 말하면서 연변 사람 흉내를 내는 것을 자주 본다. 연변은 중국의 변경에 위치해있다. "일 없슴돠."를 중국어로 하면 "我沒事吧(워메이슈바)."이다. 중국 영화에서 "你沒事吧(니메이슈바)?"라고 남자 배우가 여자 배우에게 물어보면 여자 배우는 "我沒事(워메이슈)."라고 대답한다. "我沒事(워메이슈)."는 우리말로 하면 "괜찮다."라는 뜻이다. "你沒

事吧(니메이슈바)?"를 영어로 하면 "Are you O.K.?"이고 "我沒事
(워메이슈)."를 영어로 하면 "I'm O.K."이다.

"괜찮습니다."를 일본어로 하면 무엇이라고 할까? 정답은 "だい
じょうぶです。나이조부데스"이다. 'だいじょうぶ(다이조부)'를 한자
로 하면 '大丈夫(대장부)'이다. 일본사람들은 대장부는 어떤 일이
일어나도 괜찮다고 생각한다. "大丈夫だ(다이조부다)."는 직역하
면 '대장부이다.'가 되고 (대장부는) "괜찮다."라는 의미가 된다. 몇
년 전 비행기를 타고 일본에 갔을 때 화장실에서 나오다가 벽에
부딪혔다. 그것을 본 스튜어디스가 나에게 "だいじょうぶですか。다
이조부데스까?(괜찮습니까?)"라고 이야기했다.

"책을 백 번 읽으면 뜻이 저절로 나타난다."라는 표현을 한자
로 무엇이라고 할까? 정답은 "讀書百篇義自見독서백편의자현"이
다. 그러면 이 표현을 일본어로 하면 어떻게 될까? 정답은 "どくし
ょ ひゃっぺんぎおのずからあらわる。도꾸쇼 햣뺀기 오노즈까라 아
라와루."이다. 일본어로 'どくしょ(도꾸쇼)'는 '독서'를 'ひゃっぺん(햣
뺀)'은 '백 편'을 'ぎ(기)'는 '뜻'을 'おのずから(오노즈까라)'는 '저절
로'를 'あらわる(아라와루)'는 '나타난다'라는 뜻인데 'あらわれる(아
라와레루)'의 문어형이다.

영어와 철자가 비슷한 스페인어가 꽤 많다. 교수를 영어로
'professor'라고 한다. 이때의 'professor'는 남자 교수와 여자 교

수를 통칭해서 쓰는 말이다. 그런데 스페인어에서는 남자 교수는 'el profesor'라고 하고 여자 교수는 'la profesora'라고 한다. 'el'은 남성 단수에 붙는 정관사이고 'la'는 여성 단수에 붙는 정관사이다. 스페인어에는 여성은 'a'로 끝나는 경우가 많다. 사진을 영어로는 'photo'라고 하고 스페인어로는 'la foto'라고 한다. 'foto'는 'o'로 끝나서 남성명사이지만 예외적으로 여성명사로 취급한다. 그래서 'foto'에는 여성에게 붙는 정관사 'la'를 붙인다.

'빠른'을 의미하는 영어는 'rapid'이고 '빠른'을 의미하는 스페인어는 'rápido'이다. '완벽한'을 의미하는 영어는 'perfect'이고 '완벽한'을 의미하는 스페인어는 'perfecto'이다. '학생'을 의미하는 영어는 'student'이고 학생을 의미하는 스페인어는 'estudiante'이다. '호랑이'는 영어로 'tiger'이고 스페인어로 'tigre'이고 '띠그레'이다. 스페인어에서 't'는 'ㄸ'으로 발음한다. 물론 모든 스페인어가 영어와 비슷하지는 않다. 스페인어를 공부할 때 영어와 유사한 단어를 비교하며 공부하는 것도 외국어 공부의 즐거움이다.

이렇게 언어들은 공통점이 있는 가운데 다른 점이 있고 다른 점이 있는 가운데 공통점이 있다. 이렇게 언어들 간의 공통점과 차이점을 생각하며 공부하는 것도 즐거운 외국어 공부 방법이다.

ᘓ 조우시

調子조자(ちょうし쪼우시)는 '(신체 등의) 상태'를 의미하는 일본어이다. 일본어로 "ちょうしが わるい。쪼우시가 와루이。"는 "몸의 상태가 나쁘다."라는 뜻이다.

ᘓ 와리깡

일본어로 'わゐ와루'는 나누다라는 뜻이고 'かんじょう칸조우'는 셈, 계산의 뜻이다. 결국 'わりかん'의 뜻은 서로의 돈을 나누어 내는 뜻으로 한국에서 많이 쓰는 콩글리시인 '더치페이(Dutch pay)'를 의미한다. 원래 Dutch pay는 영어 "Let's go Dutch."에서 나온 말이다. "Let's go Dutch."란 "네덜란드로 가자."라는 뜻이 아니고 "네덜란드 방식으로 하자."라는 뜻이다. 즉 각자 부담하자는 뜻이다.

ᘓ 고도리

고스톱은 화투의 일종이다. 화투는 16세기 포르투갈 선교사에 의해 일본에 전래되었다. 일본에서 화투 대열풍이 일자 도요토미 히데요시는 화투를 금지시키기도 했다. 화투는 일제 강점기에 우리나라에 전래되었다. 고스톱에 나오는 '고도리'의 'こ'는 다섯(five)을 의미하고 'とり'는 새(bird)를 의미한다. 즉, 고도리는 다섯 마리의 새라는 뜻이다.

ᘓ 닭도리탕

'닭도리탕'이란 닭고기를 먹기 좋게 토막을 내서 양념과 물을 넣고 끓인 음식이다. 그런데 닭도리탕의 '도리とり'는 '새'라는 뜻의 일본어이다. 닭도리탕을 직역하면 닭새탕이다. 그래서 닭도리탕은 닭볶음탕으로 고쳐야 한다.

❀ 뗑깡

'뗑깡てんかん'은 '간질병'이라는 뜻을 갖고 있다. 간질병은 뇌전증이라고도 불리며 사람의 팔과 다리가 굳어지거나 침을 흘리거나 온몸에 경련이 일어나는 증상이다. 이 단어는 무시무시한 단어이기 때문에 한국에서 사라져야 할 단어이다. '뗑깡 부린다'라는 표현은 '투정을 부리다'라는 표현으로 바꿔 쓰는 것이 좋다.

❀ 곤조

'곤조'는 우리말의 '본성'과 비슷한 뜻인데 부정적인 의미로 쓰이는 단어이다. 곤조는 일본어로 발음하면 'こんじょう곤조우'이다. "너는 곤조가 있다."라는 말은 "너는 성깔 있다."정도로 번역된다.

❀ 무뎃뽀

'무뎃뽀むてっぽう'는 일본어에서 나온 말이다. 무뎃뽀를 한자로 쓰면 '無鐵砲무철포'이다. 무뎃뽀는 '무모' 또는 '막무가내'라는 단어로 바뀌어야 한다.

❀ 소데나시

여름에 여성들이 입는 옷 가운데 하나가 '소데나시'이다. '소데나시 そでなし'는 일본어로 'そで'는 '소매'를 뜻하고 'なし'는 '없다'라는 뜻이다. 소데나시를 우리말로 하면 '소매 없다'이다. 소데나시를 한자로 하면 '袖無(수무)'이다.'袖수'는 '소매'를 뜻하고 '無(무)'는 '없다'라는 뜻이다. 따라서 소데나시는 '민소매'로 바뀌어야 한다.

제 4 장

영어 공부 전략

🐚 오이시이

　일본 드라마에서 일본 여성이 맛있는 음식을 먹으면서 '오이시이おいしい'라는 말을 많이 한다. 나는 일본어를 공부하기 전에는 남성들도 '맛있다'라고 말할 때 '오이시이おいしい'라고 말하는 줄 알았다. 그러나 일본에서 남성들이 '맛있다'라고 이야기할 때에는 '우마이うまい'라고 이야기한다. 우리말에서는 남자와 여자 모두 '맛있다'라는 말을 공통적으로 사용한다. 이에 반해 일본어에서는 남자와 여자가 '맛있다'라는 표현을 다르게 쓴다. 이것이 우리말과 일본어의 차이점이다. 일본어에서 '오이시이おいしい'는 여성어이고 '우마이うまい'는 남성어이다.

🐚 complement

　영어 'complement'는 '보충', '보어'라는 뜻 이외에 여집합이라는 뜻도 있다. 여집합이란 전체집합에서 주어진 집합의 원소를 제외한 원소들의 집합을 의미한다.

$$A-B=A\cap B^C$$

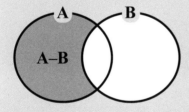

🐚 확률P

　확률은 영어 'probability'의 머리글자이다. 동전을 한 번 던질 때 앞면이 나올 확률은 0보다 크거나 같고 1보다 작거나 같다. 이를 수학적으로 이야기하면 '$0 \leq P \leq 1$'로 간단하게 표시할 수 있다.

🐄 love를 수학적으로 나타내면 얼마일까?

정답은 $\sqrt{200}$이다. 200은 2×10^2이다. 제곱이 되는 것은 근호를 풀고 나올 수 있으므로 200은 $10\sqrt{2}$가 된다. 10은 영어 'lo'와 비슷하고 루트는 영어 'v'와 비슷하고 '2'는 영어 'e'와 발음이 같다. 그래서 love를 수학적으로 나타내면 10 루트 2다. $\sqrt{4}$는 $\sqrt{2^2}$이므로 2가 된다. 그러면 $\sqrt{16}$은 몇일까? $\sqrt{4^2}$이므로 4이다.

🐄 time difference와 jet lag의 차이

영어에 time difference와 jet lag가 있다. time difference는 말 그대로 시간의 차이를 말하고 jet lag는 시차로 인한 피로를 말한다.

🐄 엄마를 나타내는 세계어들

엄마의 '마'의 'ㅁ'을 '양순음'이라고 한다. 양순음이란 '양입술 소리'를 말하는데 'ㅁ'이 대표적인 양입술 소리이다. 엄마를 의미하는 세계의 언어를 살펴보자. 엄마를 나타내는 세계어를 살펴보면 영어로는 'mother', 한자로는 '母모', 중국어로는 '媽媽마마', 독일어로는 'mutter', 포르투칼어로는 'mãe', 스페인어로는 'mamá', 불어로는 'maman'이라고 한다. 흥미로운 사실은 엄마를 나타내는 세계어들이 모두 양순음 ㅁ으로 이루어져 있다는 것이다.

🐄 눈이 좋은 사슴을 영어로 무엇이라고 할까?

정답은 '굿 아이디어(good eye deer)'이다.

🐄 (오지)에서 오지게 먹는 outback

패밀리 레스토랑 가운데 '아웃백(outback)'이 있다. '아웃백'이란 '호주의 오지'를 뜻한다. 제목 그대로라면 음식점에는 먹을 것이 없어야 한다. 그러나 이 레스토랑에는 다양한 종류의 메뉴가 있다. 사람들은 일반인들이 살지 않는 '奧地(오지)'레스토랑에서 '오지게' 먹고 돌아온다.

🐾 더블과 따블

영어 단어 'double'은 '두 배', '두 배로 하다'라는 뜻을 가지고 있다. 이 단어가 한국에 건너오면 '따블'이 된다. 한국인들은 된소리를 좋아한다. 이를 '경음화 현상'이라고 한다. 예를 들면 '소주'는 '쏘주'가 된다. 이 글자에 'ㅚ'라는 모음이 첨가되면 '쐬주'가 된다. '과대표'는 '꽈대표'가 되고 '세련'은 '쎄련'이 된다. '사모님'은 '싸모님'이 된다.

늦은 밤 S역에서 택시 기사 A씨는 손님들을 기다리고 있었다. 앞에서 "따블"이라고 외치는 손님의 소리가 들린다. 좀 더 앞으로 차를 몰고 가니 "따따블"이라고 외치는 손님의 소리가 들린다. 더 앞으로 차를 몰고 가니 "따따따블"이라고 외치는 손님의 소리가 들린다. 택시 기사 A씨는 "따따따블"이라고 외치는 손님을 모시고 손님을 목적지에 내려드렸다. 그러자 그 손님이 이렇게 말했다.

"어..어..어..얼마예요?"

🐾 한국인이 잘 하는 3개 국어

"핸들 이빠이 꺾어." '핸들'은 영어, '이빠이'는 일본어, '꺾어'는 한국어이다. 핸들(handle)은 콩글리시이고 스티어링 휠(steering wheel)이 올바른 영어이다.

2. 영화 제목을 통한 영어 공부 전략

첫째, 영화 제목의 번역을 보면서 영어와 영화를 즐겨라. 외국에서 들어오는 영화는 원어, 직역, 의역의 형태로 나누어진다. 원어 그대로 들어온 영화의 예를 보면 'Terminator', 'Sixth Sense', 'Gladiator', 'The Others' 등이다. 'Terminator'는 우리말로 번역하면 '해결사'라는 뜻이다. 그런데 만약 영화 제목을 〈해결사〉로 하면 사건 해결사의 의미로 이해될 수 있다. 영단어 terminator를 어원적으로 분석하면 'term'은 끝을 의미하고 'terminate'는 '끝내다'라는 뜻이다. 그래서 '터미널(terminal)'은 종점이라는 뜻이다. 영화에서는 '종결자'라는 뜻으로 쓰이기보다는 '미래에서 날아온 기계'라는 뜻으로 많이 쓰인다.

'Sixth Sense'는 우리말로 번역하면 '육감'이라는 뜻이다. 'Sixth Sense'를 직역하면 '여섯 번째 감각'이다. 인간에게는 시각, 청각, 촉각, 후각, 미각의 오감이 있다. '육감'이란 분석적으로 사태를 파악하기보다는 직관에 의존해서 사태를 파악하는 능력을 가리킨다. 영화 속에서 '육감'은 '죽은 사람을 보는 능력'을 가리킨다. 이처럼 반전이 있는 영화가 바로 영화 'The Others'이다. 우리말로 직역하면 '다른 사람들' 또는 '타인들'이다. 산 사람의 관점에서 보면 죽은 자가 'the others'이지만 죽은 사람의 관점에서 보면 살아있는 사람이 'the others'이다.

'Gladiator'는 우리말로 번역하면 '劍鬪士(검투사)'라는 뜻이다. 이탈리아의 로마에는 Colosseo역이 있다. 'Colosseo'는 영어 Colosseum과 같은 의미로 거상(거대한 조각)이라는 뜻을 지니고 있다. 2015년 이탈리아의 로마에 디녀왔다. 역에서 내려서 콜로세움을 바라보면서 고대 로마인들의 건축 기술에 놀라지 않을 수 없었다. 로마 건축 기술 중 최대의 업적은 아치(arch)의 기술이다. 이 기술이 없었다면 이렇게 거대한 경기장을 만들 수 없었을 것이다. 콜로세움의 둘레는 527m, 높이는 48m이고 수용 인원이 무려 5만 명이다. 21세기의 기술로도 5만 명을 수용하는 공간은 찾아보기가 힘들다. 이곳에서 검투사(gladiator)들의 경기가 이루어졌다. 검투사들은 검투사들끼리 싸우기도 하고 맹수들과 싸우기도 했다.

'Diehard'는 우리말로 번역하면 '끝까지 안 죽고 살아남은 자'라는 뜻이다. '먹으면 죽는 하드'로 번역하면 이 단어의 뜻을 묻는 난센스 퀴즈의 정답이다. 영어 'die'는 '죽다'라는 뜻이고 'hard'는 '어려운'이라는 뜻이다. 이 영화도 원어를 제목으로 쓸 때 훨씬 깔끔한 영화이다. 이 영화들은 우리말로 제목을 붙일 때보다 원어로 제목을 붙일 때 훨씬 더 의미가 잘 통하는 영화들이라 할 수 있다.

원어가 직역된 영화의 예는 '당신이 잠든 사이'이다. 이 영화의 원제목은 'While You Were Sleeping'이다. 원어가 의역된 영화로는 '사랑과 영혼'이 있다. '사랑과 영혼'의 원제목은 영어로 'Ghost'이다. 'Ghost'를 우리말로 번역하면 '유령'이라는 뜻이다.

한국에서 만들어진 영화인데도 영어나 외국어로 제목이 붙은 영화도 있다. 〈서프라이즈〉, 〈텔 미 썸딩〉, 〈후 아 유〉, 〈투캅스〉 등이 대표적인 예이다. 〈서프라이즈〉는 우리말로 번역하면 "놀람"이 된다. 〈텔 미 썸딩〉은 우리말로 번역하면 "내게 뭔가 말을 해 봐"가 된다. 〈후 아 유〉는 우리말로 번역하면 "너는 누구냐?"가 된다.

한국에서 만들어진 영화 가운데 〈시월애〉와 〈시실리〉가 있다. 〈時越愛(시월애)〉란 시간을 초월한 사랑이고 〈時失里(시실리)〉는 시간을 잃어버린 마을이라는 뜻이다. '시월애'는 10월에 하는 사랑으로, 시실리는 시실리 섬으로 영화 제목을 오해할 수도 있다. 한국 영화가 해외로 진출할 때에는 제목이 영어로 바뀐다. 예를 들면 〈부산행〉이라는 영화는 'Train to Busan'으로 바뀌었다. 직역하면 〈부산으로 가는 기차〉이다. 영화 〈너는 내 운명〉은 영어로 'You Are My Sunshine'으로 바뀌었다. 'You Are My Sunshine'은 이 영화의 OST(Original Sound Track)이다. OST의 제목이 영화 제목으로 바뀌었다.

둘째, 영화 제목에 담긴 다양한 상징을 알아보라. 2001년 박신양, 이미연 주연의 영화 〈인디언 썸머〉가 영화관에서 상영되었다. '인디언 썸머'란 미국이나 캐나다에서 10월과 11월에 볼 수 있는 봄날처럼 화창한 날씨를 의미한다. 영화 〈물랑루즈(Moulin Rouge)〉는 파리 몽마르뜨에 있는 클럽이다. 불이 'moulin'은 영어로는 '풍차(windmill)'를 의미하고 'rouge'는 영어로 'red'이다.

셋째, 영화 제목을 통해 영어를 즐겨라. 차승원 주연의 영화 〈리베라메〉가 상연된 적이 있었다. liberame는 라틴어이다. 이 단어의 뜻은 'S.O.S.'이다. 'S.O.S.'는 영어 "Save our souls"(우리의 영혼을 구하소서)의 머리글자이다. 자판에서 가장 타이핑하기 쉬운 단어가 'S.O.S.'라는 설도 있다. 영화 'The Green Mile'이 있다. 그린 마일이란 죄수가 형장까지 가는 복도를 의미한다. 영화 〈매트릭스(Matrix)〉는 자궁, 행렬, 가상공간의 뜻을 동시에 가지고 있는데 영화 속에서는 '가상공간'이라는 뜻으로 쓰였다.

영화 제목을 통해서 다양한 언어들과 영화 제목의 의미를 이해하는 것은 영어를 즐기는 좋은 방법이다.

3. 팝송 〈보헤미안 랩소디〉를 통한 영어 공부 전략

 2018년 12월 말 대한민국은 퀸 앓이를 했다. 퀸의 생애와 음악을 다룬 영화 〈보헤미안 랩소디〉의 관객 수가 1,000만 명을 넘었다. 40대 이상의 관객뿐만 아니라 10대와 20대의 학생들도 이 영화를 좋아하고 이 영화를 세 번 이상 관람했다는 사람도 많았다. 이 영화는 처음 상영되었을 때에는 개봉 시간도 길지 않았다. 이 영화를 본 사람들의 입에서 입으로 전해진 입소문은 이 영화를 음악 영화 가운데 최다 관람객을 가진 영화로 만들었다. 입소문을 영어로 'word of mouth'라고 한다. 직역하면 '입의 말'이다.

 이 노래의 시작은 이렇게 시작된다.

Is this the real life? Is this just fantasy?
이것은 진정한 삶인가? 이것은 단지 환상인가?
Caught in a slide, No escape from reality
산사태에 빠졌고 현실로부터 벗어날 수 없어.

 프레디 머큐리는 이 노래의 첫 부분에서 삶과 환상에 대해 질문을 던진다. 우리는 이 세상을 살면서 현실과 환상을 구분하기 힘든 때가 있다. 어디까지가 현실이고 어디까지가 환상일까? 『장자』에 이런 이야기가 나온다. 장주가 꿈을 꾸었는데 꿈속에서 자신이 나비가 되었다. 꿈에서 깨어보니 나비가 내가 되었는지 내가 나비가 되었는지 알 수 없었다. 꿈을 꾸고 있는 동안 우리는 그 꿈이 현실이라고 느낀다. 꿈을 꾼다는 말은 두 가지의 뜻을 가지고 있다. 잠을 자면서 꿈을 꾼다는 의미와 잠에서 깨어서 멋진 이상을 꿈꾼다는 의미이다. 프레디 머큐리는 동성애자이면서도 그 현실을 받아들이기 힘든 상황이었을지도 모른다. 이것이 그에게 현실과 환상의 구분을 모호하게 만들었을 수도 있다.

프레디 머큐리가 직접 이 노래를 작사, 작곡했다. 그는 이렇게 이야기한다.

Open your eyes. Look up to the skies and see.
눈을 떠. 하늘을 올려다보고 자세히 봐.
I'm just a poor boy. I need no sympathy.
나는 단지 불쌍한 소년이야. 나는 동정은 필요하지 않아.

그는 자신을 불쌍한 소년이라고 이야기하면서도 자신을 동정하지 말라고 이야기한다. 이것은 한편으로는 동정을 바라면서도 다른 한편으로는 동정을 바라지 않는 두 가지 감정의 교차를 의미한다고 볼 수 있다. 그는 인도 출신의 엄격한 부모님 밑에서 자라면서 유명한 가수가 되었다. 그 당시 영국에서 동성애는 용인

되지 않는 사회 규범이었다.

Because I'm easy come easy go.
왜냐하면 나는 쉽게 오고 쉽게 가고
A little high a little low
고상하지도 않고 천박하지도 않아.

영어에서 "Easy come easy go"는 "쉽게 번 돈은 쉽게 나간다"라는 뜻도 있고 "빈손으로 왔다가 빈손으로 간다"는 뜻도 있다. 사람은 돈을 힘들게 벌어 보아야 비로소 돈의 소중함을 알게 된다. 또한 빈손으로 왔다가 빈손으로 가는 것이 인생이다. 사람은 이 세상에 처음 태어날 때에는 주먹을 꽉 쥔 채로 이 세상에 태어난다. 그러나 사람이 죽을 때에는 손을 펴고 죽는다.

이렇게 영화화된 퀸의 〈보헤미안 랩소디〉라는 팝송을 통해 영어를 공부하는 것도 멋진 영어 공부 방법이다.

4. Key word 학습을 통한 영어 공부 전략

Key word 학습전략은 외국어의 어휘를 학습할 때 소리가 유사한 모국어의 어휘를 바탕으로 외우거나 이미 알고 있는 어휘와의 관계를 설정하면서 외우는 것을 말한다. 예를 들면 tragic(비극적인)이라는 단어를 외울 때에는 틀에 찍히는 것은 비극이다 이렇게 외우고 신화라는 영어 단어인 myth를 외울 때에는 "당신은 신을 믿쓔?" 이렇게 외우면 단어 암기가 훨씬 더 잘 된다. 또한 숯, 검댕이라는 영어 단어는 soot인데 이 단어의 발음은 한국어 숯과 발음이 같다. 그래서 암기하기가 좋다. 담배라는 단어는 원래 포르투갈어인 tobacco에서 나왔는데, 이 단어가 일본으로 유입되면서 타바꼬라고 발음되었고 이 단어가 다시 한국으로 유입되면서 담바고로 변했고 다시 담바고가 담배로 변했다는 의미를 알고 tobacco라는 단어를 이해하면서 암기하면 단어 공부가 쉬워진다.

5. 보상전략을 통한 영어 공부 전략

의사소통 전략 가운데 보상 전략이 있다. 보상전략이란 부족한 부분을 다른 방식으로 메워 넣는 것을 의미한다. 그럼 보상전략을 통한 외국어 공부 방법에 대해 이야기해보도록 하겠다. 보상 전략에는 크게 열한 가지 전략이 있다.

첫째, 우회 전략이 있다. 이것은 한 단어를 잊어버려서 다른 단어로 그 단어를 설명하는 것을 말한다. 예를 들면 'veterinarian(수의사)'이라는 단어를 잊어버려서 'a doctor who takes care of animals(동물들을 돌보는 의사)'라고 하는 것을 우회 전략이라고 한다.

둘째, 근접 전략은 특정 단어가 생각나지 않으면 일반화된 단어를 쓰는 것을 말한다. 예를 들면 요트, 쾌속정, 군함, 돛단배 등이 생각 안 나면 배(ship)라고 이야기하면 된다. 이것이 바로 근접 전략이다.

셋째, 다목적어의 사용이다. 한국어에서도 어떤 단어가 생각나지 않으면 '것,' '물건' 등의 단어를 사용한다. 영어로 말하면 'thing'이나 'stuff' 등의 단어가 바로 다목적어이다.

넷째, 단어 창조이다. 이것은 없는 단어를 만드는 것이다. 예를 들면 선생님이 영어로 'teacher'인데 바이올린 연주자가 생각 안 나면 'violiner'라고 하는 것이 단어 창조이다. 영어에는 사람을 의미하는 접미사가 많다. 바이올린 연주자는 violiner가 아니라 violinist이다.

다섯째, 이미 짜인 형식이다. 영어를 공부하다 보면 정형화된 표현들이 있다. 그 표현들을 실전에서 사용하는 것이다. 예를 들면 길을 가다 길을 물어볼 때 자주 쓰는 표현 가운데 하나가 "Excuse me. Where is the nearest subway station(실례합니다. 가장 가까운 지하철 정거장이 어디인가요)?"이다. 이런 표현을 미리 짜인 형식이라고 한다

2010년 일본에 배낭여행을 간 적이 있었다. 나는 길을 가다가 지하철 정거장을 찾지 못해서 지나가는 일본인에게 "Excuse me.

Where is the nearest subway station?"이라고 물은 적이 있었다. 그 일본인은 영어를 잘 못 알아듣는 것 같았다. 그래서 나는 "しつれいします. えきは とこへ いきますか.(시쯔레이시마쓰. 에끼와 도꼬에 이끼마쓰까.)"라고 물었다. "실례합니다. 지하철 정거장은 어디로 갑니까?"라는 일본어 표현이다. 그랬더니 그 일본인은 나에게 정거장 가는 방법을 자세히 알려주었다. 외국에 갈 때에는 영어만 아는 것보다는 그 나라의 기본적인 언어는 공부해가는 것이 좋다.

여섯째, 비언어적인 신호이다. 흔히 body language라고도 하고 gesture라고도 한다. 10년 전 지인들과 일본을 여행할 때였다. 일행들이 음식점에 가서 음식을 주문하는데 메뉴를 가리키고 주먹을 쥐고 손가락 두 개를 편다. 직원은 고개를 끄덕인다. 이것이 바로 몸짓 언어이다. 몸짓은 세계 공통어이다.

일곱째, 글자 그대로의 번역이다. 예를 들면 "당신의 18번이 무엇입니까?"라는 문장을 "What is your number eighteen?"이라고 영작하면 콩글리시(broken English)가 된다. 정답은 "What is your favorite song?(당신이 좋아하는 노래는 무엇입니까?)"이다.

여덟 번째, 외국어화이다. 이것은 한국어를 영어처럼 말하는 것이다. 예를 들면 재떨이를 영어로 ashtray라고 하는데 재떨이를 ashtray라고 하지 않고 혀를 돌리면서 '재러리'라고 발음하는 것이 외국어화이다.

아홉 번째는 코드-스위칭(code-switching)이다. 이것은 한국어로 말하다가 상황에 따라 그 나라의 단어를 사용하는 것이다. 이 방법의 장점은 그 언어를 이해하지 못하는 사람들도 중요한 단어를 듣고 이게 어떤 의미인지 대충 짐작할 수 있다.

열 번째, 도움을 위한 호소이다. 이것은 외국어를 잘 못하는 사람이 원어민과 대화할 때, 어떤 단어를 외국어로 무엇이라고 하는지 모를 때 원어민에게 "How do you say ......in English?(...은 영어로 어떻게 말하죠?)"라고 물으며 도움을 요청하는 것이다.

열한 번째, 시간을 얻는 전략이다. 한국어로 대화를 하다가 어떤 단어가 생각이 나지 않으면 '음', '에'라는 표현을 한다. 영어에서도 'well', 'Um'등의 표현을 한다. 일본어에서도 'あの(아노)'라는 표현이 있다. 이것은 모두 단어를 생각하기 위해 시간을 끄는 전략이다.

제 **5** 장
하루 1분 영어

단어 1 cockroach

'바퀴벌레'를 영어로 무엇이라고 할까? 정답은 cockroach인데 줄여서 cock이라고 한다. 그런데 cock은 수탉이라는 뜻도 있다. 남자에게 멋있다고 할 때 cocky라고 한다. 영어 문장에 "There is a cock in the kitchen."이라고 하면 어떻게 해석할까? 이럴 때는 주방에 수탉이 있다가 아니라 바퀴벌레가 있다는 뜻이다. 바퀴벌레를 현미경으로 관찰해 보면 다리에 많은 바퀴 모양이 보여서 바퀴벌레라고 한다. 사람들은 도망갈 때 "걸음아 날 살려라." 하고 도망간다. 그럼 바퀴벌레는 도망 갈 때 뭐라고 말하며 도망 갈까? 정답은 "바퀴야 날 살려라."이다.

단어 2 galaxy

'은하수'를 영어로 무엇이라 할까? 은하수를 영어로는 galaxy, milky way라고 한다. 은하수를 보면 마치 우윳빛 길처럼 보인다고 해서 milky way이다. 은하수를 우리말로 '미리내'라고 한다. '미리내'의 '미리'는 용이라는 단어의 우리말인 '미르'의 변형이다. 따라서 '미리내'는 '용이 사는 연못'이라는 뜻이다. 음식점 중에 미리내 분식이 있다. 나는 미리내 분식점에는 잘 안 간다. 돈을 미리 내야 하기 때문이다.

은하수를 다른 말로 '銀漢(은한)'이라고도 한다. 고려의 문신 이조년의 시조에 은한이라는 말이 들어간다.

이화에 월백하고 은한이 삼경인제

일지춘심을 자규야 알랴만은

다정도 병인 양하여 잠 못 들어 하노라.

제주도에 가면 '漢拏山(한라산)'이 있다. '漢拏山(한라산)'은 은하수를 붙잡는 산이라는 뜻이다. 그만큼 산세가 신비하다는 뜻이다.

단어 3 outstanding

　누네띠네 과자는 "뭔가 눈에 띄는 과자 없을까?" 하는 생각으로 만들었다고 한다.　그런데 이름을 '눈에 띄네'라고는 할 수 없어서 '누네 띠네'라고 썼다고 한다. '눈에 띄는'을 영어로는 outstanding이라고 한다. out은 '밖에'라는 뜻이고 standing은 '서있는'이라는 뜻이다. 동의어로는 conspicuous와 notable 그리고 remarkable이 있다. 오래 전 일이다. 내가 서울의 어느 가게에 들어가서 사장님께 "누네 띠네 있어요?"라고 여쭈어 보았다. 그러자 사장님의 말씀은 "눈에 안 띄네요."였다.

단어 4 sympathy

　'공감'을 영어로 무엇이라 할까? 정답은 sympathy이다. 'sym-'은 '같은'이라는 뜻이고 -pathy는 '마음'이라는 뜻이다. 다른 사람의 의견에 같은 마음을 가지는 것이 공감이다. 공감은 동정심과도 같은 의미이다. 그래서 sympathy는 '동정심'의 뜻도 가지고 있다. 우리가 흔히 말하는 '불쌍히 여기는 마음'이라는 뜻의 '측은지심(惻隱之心)'도 영어로 sympathy라고 한다. 우리가 흔히 "텔레파시가 통한다"라고 말하는데 텔레파시의 tele-는 '먼'이라는 뜻이고 -pathy는 '마음'이라는 뜻이다. 그래서 telepathy는 '먼 마음'이라는 뜻이다. 멀리 떨어져 있어도 마음이 통한다는 뜻이다.

telepathy를 한자로는 '以心傳心(이심전심)'이라고 한다. 이심전심이란 마음과 마음으로 서로 뜻이 통한다는 뜻이다.

단어5 subway

지하철은 시민의 발이다. 그럼 '지하철'을 영어로 무엇이라 할까?

지하철을 가리키는 영어 단어는 subway, metro, tube, underway train이 있다. 먼저 subway를 살펴보자. 영단어 sub는 '아래'를 의미하고 way는 '길'을 의미한다. 그래서 subway는 '아래길'이다. 성내역, 강변역, 구의역은 위로 가도 지하철이다. 다음은 metro를 살펴보자. metro-는 '거대한'이라는 뜻이다. 지하철은 대도시에 있다. 지하철은 밑으로 가서 metro라고 암기하라. 대도시에서 볼 수 있는 지하철은 밑으로 간다. 그래서 metro이다. tube를 살펴보자. 지하철은 긴 관처럼 통로가 있다. 그래서 tube이다. 마지막으로 underway train을 살펴보자. 지하철은 길 아래로 가는 기차이다. 그래서 영어로 underway train이다.

단어6 laundry

'세탁물'을 영어로 무엇이라 할까? 정답은 'laundry'이다. 발음을 우리말로 표기하면 '런드리'이다. laundry는 "세탁물을 보면 넌더리(런더리)가 난다." 이렇게 외우면 된다. 그럼 '세탁소'는 영어로 무엇이라고 할까? 정답은 'laundry house'이다. 빨래하는 집이라는 뜻이다. '빨래방'은 영어로 무엇이라고 할까? 정답은 'laundromat'이다.

단어7 specification

요즘 대학생들은 토익 900 이상, 컴퓨터 능력, 외국 대학 어학연수 등 스펙 쌓기에 열중한다. 그럼 '스펙'은 무슨 단어에서 나왔을까? 정답은 specification이다. 이 단어를 우리말로 직역하면 '명세(明細)'이다. '명세'란 프로그램 작성에서 특별한 처리 기능을 수행하기 위해 필요한 레코드와 프로그램을 의미한다. 스펙은 인적 자원 관리 용어 사전에 의하면 "직장을 구하는 사람들 사이에서 대학 시절동안 자신이 확보할 수 있는 외적 조건의 총체로 학력, 학점, 토익 점수, 해외 연수 및 인턴 경험 유무 등을 종합한 것"을 이르는 말이다. 정리하면 spec은 specification에서 나온 단어이다.

단어8 your majesty

'폐하'를 영어로 무엇이라고 할까? 陛下(폐하)'는 영어로 'your majesty'이다. '폐하'를 직역하면 '계단 아래'라는 뜻이다. 'your majesty'를 직역하면 '당신의 장엄'이라는 뜻이다. 동양에서의 '폐하'는 왕은 그대로 있는데 나를 낮추는 개념이고 서양에서의 'your majesty'는 나는 그대로 있고 왕을 높이는 개념이다. 이렇게 왕에 대한 동양과 서양의 생각은 다르다는 것을 알 수 있다.

단어 9 the fifth column

'첩자'를 영어로 spy라고 한다. 첩자를 다른 말로 무엇이라고 할까? 정답은 '제 5열'이다. 군대는 4열까지 있는데 제 5열에 위치해서 적의 동태를 파악하는 사람을 제 5열이라고 하고 영어로는 the fifth column이라고 한다. column은 '열(列)'이라는 뜻도 있다. 첩자는 '내간(內間)'이라고도 한다. '안에서 사이에 있는 사람'이라는 뜻이다.

> 정리
>
> 첩자
> = 내간(內間)
> = spy
> = the fifth column

단어 10 draft beer

'생맥주'를 영어로 무엇이라고 할까? live beer일까? 생맥주는 영어로 'draft beer'라고 한다. 그러면 왜 생맥주를 'draft beer'라고 할까? draft를 사전에서 찾아보면 1. 초안 2. 용병 의 뜻 이 외에 3. 맥주를 통에서 따라 붓기라는 뜻이 있다. 생맥주를 마시려면 통에서 맥주를 따라 마셔야 한다. 정리하면 생맥주는 draft beer이다.

단어 11 blue ocean

경쟁 없는 유망 시장을 영어로 무엇이라고 할까? 정답은 blue ocean이다. blue ocean은 푸른 바다라는 뜻이다. 푸른 바다는 물고기들끼리 싸우지 않아서 바다의 색깔이 파랗다.

그럼 경쟁 시장은 영어로 무엇이라 할까? 물론 competitive market이라는 단어도 있지만 경쟁 시장을 영어로 red ocean이라고 한다. red ocean은 물고기들끼리 싸워서 핏빛으로 물든 바다라는 뜻이다.

사업을 할 때에는 틈새시장을 잘 개척하는 것이 매우 중요하다.

단어 12 slang

'슬랭'은 은어(隱語)를 뜻하는 영어이다. 그럼 슬랭은 어디에서 왔을까? 슬랭은 's language에서 왔다. 변호사들이 쓰는 말은

lawyer's language이고 의사들이 쓰는 말은 doctor's language 이다. '은어(隱語)'란 숨어있는 언어라는 뜻이다.

단어 13 overbooking

'초과 예약'을 영어로 무엇이라고 할까? 정답은 overbooking이다. overbooking이란 원래 예약 인원보다 30~40퍼센트 많은 인원을 예약 받는 것이다. 그 이유는 no show 때문이다. no show란 예약하고 나타나지 않는 것을 의미한다. go show도 있다. go show란 무작정 가서 예약이 취소된 표를 기다리는 것을 의미한다. 추석이나 설 때 무작정 기차역에 가서 표를 기다리는 것을 go show라고 한다.

단어 14 honeymoon

'신혼여행'을 영어로 honeymoon이라고 하는데 honeymoon을 우리말로 옮기면 꿀달이다. 꿀달을 한자로 쓰면 밀월(蜜月)이다. 다시 말해서 신혼여행을 밀월여행이라고도 한다. 사람들은 밀월여행이라고 하면 남들 모르게 은밀하게 가는 여행(밀월여행, 密月旅行)이라고 생각하기도 한다. 그러나 밀월여행은 honeymoon의 한자식 표현이다.

honeymoon은 스칸디나비아의 전설에서 왔다고 한다. 즉 결혼해서 한 달 동안은 아내가 남편에게 꿀을 만들어 준다. 부부간의 사랑은 달이 보름달에서 반달로, 반달에서 초승달로 변하는 것처럼 점점 권태기에 빠진다. 그러나 달이 보름달에서 반달로, 반달에서 보름달로 변하는 것처럼 그놈의 정 때문에 산다. 신혼 초에는 아내가 방귀를 뀌면 남편이 아내에게 "자기! 속 안 좋아?" 이렇게 말한다. 결혼 후 10년 정도 지나면 남편이 아내에게 "당신 오늘 뭐 먹었어?" 한다고 한다.

단어 15 Korean mono opera(pansori)

'판소리'를 영어로 무엇이라고 할까? 정답은 Korean mono opera이다. 직역하면 한국의 혼자서 하는 오페라이다. 판소리는 1인의 창자가 고수를 옆에 두고 혼자서 춤 추고 연기하는 오페라이다. 어떨 때는 휘몰이 같은 빠른 장단으로, 어떨 때는 진양조 같은 느린 장단으로 흐름을 이어간다. 판소리에는 아니리, 발림, 추임새가 있다. 판소리를 이해하는데 중요한 용어들이다. 아니리는 창자가 노래를 부르기 전이나 부른 후에 하는 대사이고, 발림은 창자가 부채를 폈다 접었다 하며 하는 몸짓이고, 추임새는 청중들이 판소리를 듣고 "얼쑤"하고 흥을 돋우는 것을 말한다. 3년 전 스페인에 가서 스페인의 대표적인 춤인 플라멩코(flamenco)를 보는데 멋진 장면을 보고 관객들이 '올레(ole)'라고 외쳤다. 올레

제
5
장

하루 1분 영어

는 잘한다는 의미의 스페인어이다. 이는 한국에서 관객들이 판소리를 관람할 때 얼쑤라고 하는 것과 같다.

단어 16 blog

'블로그'란 개인의 글 쓰는 공간이다. 블로그는 무슨 글자의 합성어일까? 'blog'란 'web(인터넷망)'이라는 단어와 'log(일기)'라는 단어의 합성어인데 'web'이라는 단어에서 'we-'가 탈락되고 'b'와 'log'가 합해져서 블로그가 되었다. 블로그를 하는 사람은 '블로거(blogger)'라고 한다.

단어 17 Teletubby

'텔레토비'를 우리말로 무엇이라고 할까? 텔레토비를 어원적으로 분석하면 'tele-'는 '먼'이라는 뜻을 가지고 있고 'tubby'는 '살찐'이라는 뜻을 가지고 있다. 즉 '먼 살찐'이 텔레토비의 직역이다. 그런데 텔레토비를 퓨전 단어로 쓰면 무엇이라고 할까? '전파 뚱땡이'다. 텔레토비들은 배가 많이 튀어 나와 있다. 따라서 전파를 탄 뚱땡이가 바로 텔레토비이다.

단어 18 King card, Queen card

아주 멋진 남자를 킹카라고 하고 아주 멋진 여자를 퀸카라고 한다. 그럼 킹카, 퀸카는 영어로 어떻게 쓸까? King car, Queen car라고 생각하면 정답이 아니다. 정답은 King card, Queen card이다. 카드놀이에서 최고의 카드는 킹 카드, 퀸 카드이다. 이것을 우리말로 쓰려다 보니 발음하기 힘들어서 '드'라는 글자를 빼고 킹카, 퀸카라고 부르게 된 것이다.

단어 19 ostrich man

'현실에 안주하지 못하는 사람'을 영어로 무엇이라고 할까? 정답은 'ostrich man'이다. 왜 현실에 안주하지 못하는 사람을 'ostrich man'이라고 할까? 직역하면 타조 인간이다. 그 이유는 타조와 관련이 있다. 인간은 시력이 가장 좋은 사람이 2.0이다. 그럼 타조의 시력은 얼마일까? 놀라지 마시라. 타조의 시력은 25이다. 타조는 4km 앞에 있는 차량의 번호판이 눈에 보인다고 한다. 그래서 타조는 겁이 많다. 멀리서 누군가가 자신에게 다가와도 도망가 버린다. 타조는 시속 90km로 달린다. 그래서 'ostrich man'은 현실에 안주하지 못하는 인간을 의미한다.

단어 20 Caesarian Operation

'제왕절개 수술'을 영어로 무엇이라고 할까? 정답은 Caesarian Section 또는 Caesarian Operation이라고 한다. 제왕절개 수

술을 시섹이라고도 하는데 Caesarian Section의 줄임말이다. 시저는 제왕절개 수술로 태어났다고 한다. Caesar는 사람이고 scissors는 가위이다. 로마 시대의 의학 수준은 뇌수술까지 가능했다고 한다. 예전에 내가 시험 문제에서 Caesarian Operation의 뜻을 쓰라고 하니까 한 학생이 이렇게 답을 썼다. '시저의 작동' 당연히 답이 아니다. Operation은 수술의 뜻과 작동의 뜻을 모두 가지고 있다.

단어 21 breakfast

'아침 식사'를 영어로 'breakfast'라고 한다. 그럼 왜 아침 식사를 'breakfast'라고 할까? 영어 단어 'break'는 '깨뜨리다'의 뜻이고 'fast'는 '단식'의 뜻이다. 즉 아침 식사는 단식을 깨뜨린다는 뜻이다. 사람들은 보통 아침은 7시쯤 먹고 점심은 1시쯤 먹고 저녁은 7시쯤 먹는다. 저녁부터 그 다음 날 아침식사까지는 12시간의 차이가 있다. 점심과 저녁은 대개 6시간 간격이다. 이 원칙대로 하면 새벽 1시에 라면을 끓여 먹고 자야 한다. 그러나 그러한 경우는 거의 없다. 그 공복을 깨뜨리는 것이 아침 식사이다. 가장 사랑받지 못하는 남편은 삼시 세 끼를 집에서 먹는 남편(삼식이)이다. 가장 사랑받는 남편은 아침은 선식, 점심은 급식, 저녁은 회식하는 남편이고 더 사랑받는 남편은 아침은 단식, 점심은 급식, 저녁은 회식하는 남편이다.

단어22 untouchable

영어 'untouchable'은 두 가지의 뜻을 가지고 있다. 첫 번째 뜻은 '불가촉천민'이고 두 번째 뜻은 '상위 1%의 우정'이다. 인도에서 가장 하위 계급은 'untouchable'이다. 너무 천해서 접촉을 해서는 안 되는 계급이라는 뜻이다. 'untouchable'의 두 번째 뜻은 '상위 1%의 우정'이다. 한국에서 상영된 영화 'Untouchable'은 백인 부자와 흑인 빈민 사이의 우정을 다룬 영화이다.

단어23 extract

추출물을 영어로 무엇이라고 할까? 정답은 'extract'이다. 영어 단어 'extract'는 '추출하다'의 뜻을 가지고 있다. 이 'extract'라는 단어가 일본에 건너가서 일본어 'えきす(에끼쓰)'로 변하고 에끼쓰가 한국에 들어오면서 엑기스로 변했다. 농축 엑기스라는 말은 핵심만 뽑아 놓은 추출물이라는 뜻이다.

단어24 carrot and stick

'회유책과 강경책'을 영어로 무엇이라고 할까? 정답은 'carrot and stick'이다. 직역하면 '당근과 채찍'이다. 채찍질도 하고 당근

제 5 장

하루 1 분 영어

도 주어야 말은 잘 달리게 된다. 강함과 부드러움이 잘 결합될 때 말은 목표 지점에 잘 도착하게 된다.

단어 25 meeting

meeting은 회사나 연구소등에서 진행되는 '회의'라는 뜻과 '남녀 간의 만남'이라는 뜻 두 가지를 동시에 가지고 있다. 대학생이 되면 미팅을 많이 한다. 미팅은 이성 친구들끼리 마주 앉아 이루어지는 일종의 그룹 데이트이다.

미팅은

meet

enjoy

eat

together

interest

natural

good bye

의 머리글자로 외워도 재미있다.

만나서(m)

사랑의 작대기 게임하며 즐기고(e)

식사하고(e)

함께(t)

흥미 있는 것에 대해 물어보고(i)

자연스럽게(n)

헤어진다.(g)

그 다음에

그 사람이 마음에 들면

또 만나게 된다.

남녀 간의 만남이든 회의든 둘 다 만남의 의미가 들어있다.

단어 26 Intelligence Quotient

'지능 지수'를 영어로 무엇이라고 할까? 정답은 Intelligence Quotient이다. 직역하면 지능의 몫이다. 약자로 IQ라고 한다. 그럼 감성 지수는 영어로 무엇이라고 할까? 정답은 Emotional Quotient이고 약자로 EQ라고 한다. IQ가 높으면 머리가 좋다는 것은 분명한 사실이다. 그러나 IQ가 높다고 해서 반드시 공부를 잘 하는 것은 아니다. 공부는 노력이 반드시 포함되어야 한다. 가

드너는 '다중 지능 이론'을 이야기했다. 사람은 공부 말고도 자신이 잘 하는 분야가 있다. 자신이 잘 하는 분야를 열심히 하면 성공할 수 있다.

단어 27 turn signal

'깜빡이'를 영어로 무엇이라고 할까? 정답은 'turn signal'이다. 직역하면 '바뀌는 신호'이다. 도로에서 차량이 직진하다가 왼쪽이나 오른쪽으로 방향을 바꾸고 싶을 때는 핸들 왼쪽에 있는 깜빡이를 켜면 차의 왼쪽 부분에서 방향을 왼쪽으로 바꾼다는 표시가 나오고 오른쪽으로 방향을 바꾸면 차의 오른쪽 부분에서 오른쪽으로 방향을 바꾼다는 표시가 나온다. 초보 운전자들은 깜빡이를 켜고 백미러를 보면서 끼어들기를 잘 못한다. 초보 운전자가 운전하다가 끼어들기를 못해서 부산까지 갔다는 웃지 못할 일화가 TV 드라마 〈세 친구〉의 소재가 되기도 했다.

단어 28 acquired taste

'획득된 입맛'을 영어로 무엇이라고 할까? 정답은 'acquired taste'이다. 획득된 입맛이란 선천적인 입맛이 아닌 후천적인 입맛을 의미한다. 'acquired taste'는 '처음에는 좋아하지 않다가 점점 입에 맞게 되는 음식'을 의미한다. 예를 들어 "비빔밥은 획득된 입맛이다."를 영작하면 "Bibimbap is an acquired taste."이다.

단어 29 Skirt meat

갈매기살은 돼지의 등심 밑에 있는 갈비살과 삼겹살 사이에 있는 살을 의미한다. 음식점을 찾아서 집 주변을 걷다 보면 갈매기살 전문점을 많이 보게 된다. 갈매기살은 돼지의 횡경막살을 의미하는 '가로막이살'이었는데 이 단어가 가르맥이살로 바뀌고 가르맥이살이 갈맥이살로 바뀌고 갈맥이살이 다시 갈매기살로 바뀌었다. 갈매기살은 하늘을 날아다니는 갈매기와는 전혀 상관 없다. 이렇게 원래의 발음이 시간의 흐름에 따라 발음하기 쉽게 변하는 것을 공부하는 것도 재미있는 공부 방법이다.

돼지 부위별 명칭

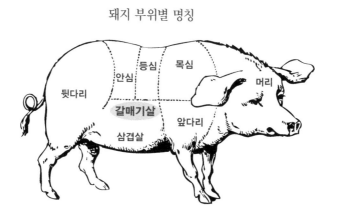

단어 30 atom

'원자'를 영어로 무엇이라고 할까? 정답은 'atom'이다. 이 단어에서 'a-' 는 'not'의 의미를 가지고 '-tom'은 '쪼개어지다'의 의미를 가진다. 일본에서 만들어진 영화 〈아톰〉은 원자라는 뜻이라기보다는 쪼개질 수 없는 로봇 즉 철인 로봇을 의미한다.

아톰은 다음의 7가지 능력이 있다.

첫째, 제트 분사로 하늘을 난다.

둘째, 60개 국어를 구사한다.

셋째, 사람의 선과 악을 파악한다.

넷째, 청력이 천 배까지 향상 가능하다.

다섯째, 눈에서 빛을 발사하여 비출 수 있다.

여섯째, 엉덩이에서 기관총이 나온다.

일곱째, 10만 마력의 힘이 있다.

원자는 "더 이상 쪼개어질 수 없다"라는 뜻이다.

단어 31 appendix

'맹장'을 영어로 무엇이라고 할까? 정답은 'appendix'이다. appendix는 맹장이라는 뜻 이외에 '부록'이라는 뜻도 있다. 맹장은 우리 몸의 내장 가운데에서 있어도 되고 없어도 된다. 부록도 있어도 되고 없어도 된다. 우리말에서는 맹장과 부록은 전혀 다른 뜻이지만 영어에서는 맹장과 부록은 부가적이라는 면에서 같은 의미라고 할 수 있다.

단어 32 **two cops**

'투 캅스(two cops)'를 우리말로 무엇이라고 할까? 정답은 '두 경찰들'이다. 그럼 왜 투캅스를 두 경찰들이라고 할까? 캅(cop)은 영어 카퍼(copper)의 줄임말이다. 카퍼(copper)는 구리를 뜻한다. 경찰 계급장은 구리로 만들어졌다. 구리는 경찰을 비유하는 말이다. 영화 〈로보캅〉의 캅도 경찰이라는 뜻이다. '로보캅'은 로봇 경찰이다.

☙ 베트남어 '깜언'의 의미

'감사합니다'를 의미하는 베트남어인 '깜언'은 한자 '感恩(감은)'에서 나왔다는 것을 고려대학교 한문학과의 김언종 교수님께 배웠다. 10여 년 전 베트남 여행을 한 적이 있었다. 그때 가이드가 버스에서 베트남어로 '고마워.'는 '깜언'이라고 말한다는 이야기를 들었다. 그러나 그때에는 '깜언'이라는 글자가 한자에서 나온 말이라는 것을 알지 못했다. 베트남어의 75%가 한자어이다. 하노이는 강 안쪽을 의미하는 '河內(하내)'라는 한자를 베트남 식으로 발음한 글자이고 하롱베이는 '용이 내려온다'는 의미의 '下龍(하룡)'과 움푹 들어간 곳인 灣(만)을 의미하는 영어 'bay'의 합성어이다. 결국 하롱베이는 영어와 베트남어의 절묘한 만남이다.

☙ '사바사바'의 유래

'さばさば(사바사바)'라는 일본어가 있다. 일본어 '사바사바'는 '홀가분하게', '시원시원하게'의 뜻을 가지고 있다. 그런데 이 단어가 한국에 들어오면서 '비밀스럽게 다른 사람들을 속이고 자신들끼리 다 해먹는'의 의미를 가지게 되었다. 이 말의 유래를 살펴보면 크게 세 가지로 나눌 수 있다. 첫째, 불교용어인 '娑婆(사바)'에서 나온 말이라는 견해이다. 산스크리트어(고대 인도어)인 'sabha'는 '속된 세상'을 의미한다. 그래서 '사바'는 '옳지 못하게 행동한다'는 의미를 가지고 있다. 둘째 '사바'는 일본어 '산바'에서 나왔다는 견해이다. '산바(散飯)'는 '밥을 먹기 전에 자신의 밥을 덜어서 지붕 등에 얹고 귀신이 먹을 수 있도록 하는 행위'로 한국의 고수레와 비슷한 행위를 의미한다. 셋째, 일본어 'さば'는 '고등어'를 의미한다. 고등어의 수를 셀 때 고등어를 빨리 세는 척 해서 그 숫자를 속이는 것을 의미한다. 한국에서 '사바사바'는 손의 지문이 닳도록 아부를 많이 한다는 뜻을 가진 단어로 그 의미가 변질되었다.

∞ 가장 학력이 높은 물고기는?

가장 학력이 높은 물고기는 무엇일까? 정답은 바로 '닥터피쉬'이다. 박사(doctor)학위를 받은 물고기이기 때문이다.

물론 고등어도 고등교육을 받은 물고기이다. 그러나 그보다 더 학력이 높은 물고기가 바로 닥터 피시이다.

∞ 삐까 뻔쩍

집이 '삐까 뻔쩍'하다: 'ぴか(삐까)'는 '반짝'이라는 일본어이고 '뻔쩍'은 '번쩍'이라는 말을 경음화한 단어이다. 삐까 뻔쩍은 일본어와 우리말의 절묘한 만남이다.

∞ 영어와 한자의 절묘한 만남

'멘붕'은 '정신의'라는 뜻을 가진 영어 단어 'mental'과 '崩壞(붕괴)'라는 단어의 합성어다. 영어와 한자의 절묘한 만남이 있는 단어가 또 있다. 바로 '만땅'이다. A씨는 주유소에 가서 자동차에 기름을 넣는다. 주유소 직원이 "얼마나 넣을까요?"라고 할 때 A씨는 "만땅요."라고 한다. '만땅'이란 가득차 있다는 뜻을 나타내는 '滿(만)'과 영어 'tank'라는 단어의 합성어이다. '만탱크'가 '만땅'으로 바뀐 것이다.

∞ Please give me a hand.와 Please give me your hand.

영어 문장에 "Please give me a hand."와 "Please give me your hand."가 있다. 이 두 문장의 차이는 무엇일까? 부정 관사 a와 소유격 your의 차이일까?

"Please give me a hand."는 나를 도와달라는 뜻이고 "Please give me your hand."는 나와 결혼해 달라는 뜻이다. 영어 hand는 손이라는 뜻도 있지만 도움이라는 뜻도 있고 영어 your hand는 당신의 손이라는 뜻 다시 말해서 인생의 동반자가 되어 달라는 뜻이다.

"Please give me a hand."는 "Please help me."와 뜻이 같고 "Please give me your hand."는 "Will you marry me?"와 뜻이 같다.

단어 33 jellyfish, starfish, catfish

1) 해파리: 해파리를 영어로 무엇이라고 할까? 정답은 jellyfish 이다. 해파리의 모양도 젤리처럼 생겼고 해파리냉채를 먹으면 젤리를 씹는 느낌이 난다. 해파리의 뜻인 영어 jellyfish를 직역하면 젤리 물고기이다.

2) 불가사리: 불가사리를 영어로 무엇이라고 할까? 정답은 starfish이다. 불가사리의 모양이 별처럼 생겨서 starfish이다. 불가사리의 뜻인 영어 starfish를 직역하면 별고기이다.

3) 메기: 메기를 영어로 무엇이라고 할까? 정답은 catfish이다. 메기는 수염이 달려 있고 고양이 수염처럼 생겨서 catfish이다. 메기의 뜻인 영어 catfish를 직역하면 고양이 고기이다.

이렇게 모양을 연관시켜 만든 영어를 공부하는 것도 영어 공부의 재미 중 하나이다.

단어 34 block

예전에 〈Step by step〉을 부른 가수가 있었다. 가수 이름은 'New Kids On the Block'이었다. 우리말로 직역하면 '동네의 새로운 꼬맹이들'이다. 머리 글자를 따면 NKOB다. 우리나라 가수 중에도 NKOB가 있다. 누구일까? 정답은? 남궁옥분이다. 남궁옥분을 영어로 쓰면 Nam Kung Ok Bun이다. 〈사랑 사랑 누가 말했나〉라는 노래로 너무나도 유명한 가수다.

　사랑 사랑 누가 말했나. 아아. 향기로운 꽃보다 진하다고. 오오.
　사랑 사랑 누가 말했나. 아아, 바보들의 이야기라고. 오오,

　영어 block은 '사각형 덩어리'라는 뜻과 '막다'라는 뜻도 있다.
우리말 '불낙'은 불고기 낙지의 약자이다.

단어 35 window shopping

　'진열장 쇼핑'을 영어로 무엇이라고 할까? 정답은 'eye
shopping'이 아니다. eye shopping은 쇼핑하러 가서 사람들의
눈 모양을 보는 쇼핑이다. 이 사람은 큰 눈, 저 사람은 작은 눈,
이 사람은 위로 찢어진 눈, 저 사람은 아래로 찢어진 눈이라고 생
각하며 눈을 바라보는 쇼핑을 eye shopping이라고 한다. 진열장
쇼핑은 영어로는 'window shopping'이다. 영어 'window'는 창
문이라는 뜻 외에 진열장이라는 의미도 있다.
　남자와 여자의 쇼핑의 차이를 알아보자. 남자는 첫 번째 가게
에서 물건을 사고 바로 집에 간다. 반면에 여자는 첫 번째 가게에
서 물건을 찜하고 다른 가게들을 돌고 중간에 음식을 사먹고 다
시 첫 번째 가게에 와서 옷을 사서 집으로 간 후 다음 날 다시 옷
을 환불하러 간다. 남자는 남자끼리는 절대로 쇼핑을 가지 않

만 여자는 여자끼리도 쇼핑을 잘 간다.

단어 36 bear

'bear'라는 단어는 여러 가지 뜻을 가지고 있다.

1) 곰 2) 지니다 3) 참다 4) 낳다

〈단군신화〉에서 호랑이와 *(곰)은 사람이 되기를 원한다. 환웅이 호랑이와 곰에게 동굴에서 쑥 한 자루와 마늘 스무 톨을 100일 동안 먹으면 사람이 된다고 했다. 호랑이는 마늘과 쑥갓만 먹다가 동굴을 나가 버리고 곰은 마늘과 쑥갓을 옆에 *(지니고) 열심히 먹어서 사람으로 변해 웅녀가 된다. 곰이 사람으로 변한 것은 긴 시간을 *(참은) 결과이다. 웅녀는 좋은 사람 만나게 해달라고 기원하고 환웅은 사람의 모습으로 변하여 웅녀와 결혼하여 단군을 *(낳았다).

이렇게 'bear'의 여러 가지 뜻은 〈단군신화〉로 공부하면 단어 뜻의 암기가 쉬워진다.

단어 37 eco

'eco-'의 뜻은 무엇일까? 정답은 '환경', '자연'이다. 'eco-'가 들어간 대표적인 단어는 'ecology', 'ecosystem', 'ecotourism'이다. ecology는 생태학이다. 영어 단어 '-logy'는 학문의 의미를 가지고 있다. ecosystem은 생태계를 의미한다. ecotourism은 생태 관광을 의미한다. 요즘은 숲 해설사를 에코 해설사라고 한다. 숲 해설사는 숲만 알아서 되는 것이 아니라 생태계에 대해서도 알아야 한다.

단어 38 couch potato

'couch potato'를 우리말로 직역하면 '침상감자'이다. 침상은 소파를 의미한다. 다시 말해서 편안한 자세로 소파에 누운 채로 감자 또는 과자를 먹으면서 TV를 보는 사람을 'couch potato'라고 말한다.

단어 39 wisdom tooth

'사랑니'를 영어로 무엇이라고 할까? 정답은 'wisdom tooth'이다. 직역하면 '지혜의 이'다. 사랑니가 날 때 지혜가 싹튼다는 뜻이다. 그럼 '어금니'는 영어로 무엇이라고 할까? 정답은 'molar'이다. 우리말 '몰라'와 발음이 같다.

A: 너 어금니를 영어로 무엇이라고 하는지 아니?

B: 몰라(잘 모르겠어).

A: 정답이네. 어금니는 'molar(몰라)'야.

단어 40 Foot in the door technique

'Foot in the door technique'을 우리말로 하면 무엇일까? '문안에 한 발 들여놓기 수법'이다. 영업사원은 처음에는 고객의 문에 발을 넣고 그 다음에는 몸이 반쯤 문에 들어오고 그 다음에는 몸이 집 안으로 들어온다. 처음에 쉬운 것을 허락받으면 나중에는 어려운 것도 허락 받는다. A가 B에게 처음에는 만 원을 빌리고 갚는다. 그 다음에 A는 B에게 10만원을 빌리고 갚는다. 그러다가 A는 B에게 100만원을 빌린다. 이런 것을 'Foot in the door technique'이라고 한다.

단어 41 positioning

positioning을 우리말로 무엇이라고 할까? '고객의 마음에 자리 잡기'이다. 고객의 마음에 자리 잡는 전략은 포지셔닝 전략이라고 한다. 예전에 이런 노래 가사의 새우깡 CF가 있었다.

"손이 가요 손이 가. 새우깡에 손이 가요. 아이 손, 어른 손 자꾸만 손이 가. 언제든지 새우깡 어디서나 맛있게 누구든지 즐겨요 농심 새우깡"

일을 하거나 공부를 하거나 심심할 때 새우깡이 없으면 허전하다는 생각이 들게 만든다. 이게 바로 포지셔닝 전략이다.

단어 42 Paleolithic Age

'구석기 시대'와 '신석기 시대'를 영어로 무엇이라고 할까? 정답은 'Paleolithic Age'와 'Neolithic Age'이다. 'paleo-'는 '오래된'이라는 뜻을 가지고 있고 'lithic'은 '돌'이라는 뜻을 가지고 있다. 'neo-'는 '새로운'이라는 뜻을 가지고 있고 'lithic'은 '돌'이라는 뜻을 가지고 있다. 구석기 시대와 신석기 시대를 쉬운 영어로 'Old Stone Age', 'New Stone Age'라고도 한다.

단어 43 suite

'특실'을 영어로 무엇이라고 할까? 정답은 'suite'이다. 한국에서는 특실을 스위트 룸이라고 하는데 이는 잘못된 표현이다. 스위트 룸이라고 하면 달콤한 방(sweet room)으로 잘못 이해할 수도 있다. 영어 'suite' 자체에 특실이라는 뜻이 있다. 스위트를 스위트 룸이라고 사용하는 것은 'redundancy'이다. redundancy를 '쓸모없는 반복', '사족'이라고 한다. '사족(蛇足)'이란 뱀의 발이다. 다시 말해서 쓸 필요가 없는 단어를 한 번 더 쓰는 것을 의미한다. 한국어의 예를 들면 '돼지 족발', '역전 앞', '처가집', '외가집', '내가 아는 지인' 등이 있다.

제5장 하루 1분 영어

단어 44) appellation

'appellation'을 우리말로 무엇이라고 할까? 정답은 '이름 붙이기' 또는 '명명법'이다. 소설에서 주인공의 이름은 이름과 그 의미가 같을 수도 있고 이름과 그 의미가 반대일 수도 있다. 예를 들면 허영만의 〈식객〉에 나오는 남자 주인공은 진수이고 여자 주인공은 성찬이다. 작품 끝부분에 두 사람이 만나서 결혼하는데 진수와 성찬을 합하면 진수성찬이 된다. 주인공의 이름이 음식과 관련된 표현으로 쓰인 예이다. 김동인의 「감자」에 나오는 여주인공 복녀(福女)는 복이 많은 여자라는 뜻과는 달리 복이 매우 없는 여자로 나온다. 이처럼 이름 붙이기에서의 이름은 그 의미 그대로일 수도 있고 그 의미와 정반대일 수도 있다.

단어 45) highly-recommended

'추천'을 영어로 무엇이라고 할까? 정답은 "highly-recommended"이다. 직역하면 "높이 추천된"이다. 높이 추천된다는 것은 사람들이 많이 보도록 강력 추천한다는 것을 의미한다. 그러면 추천 품목은 영어로 무엇이라고 할까? 정답은 'a highly-recommended item'이다. 직역하면 높게 추천된 품목이다. 추천의 또 다른 영어 표현은 'a must-see'이다. 직역하면 '봐야만 하는 것'이다.

단어 46 scarecrow

'허수아비'를 영어로 무엇이라고 할까? 정답은 'scarecrow'이다. 영어 'scare'는 '쫓다'라는 뜻을 가지고 있고 'crow'는 '까마귀'라는 뜻을 가지고 있다. 따라서 두 단어의 뜻을 합하면 '까마귀를 쫓다'라는 뜻이 만들어진다. 요즘에는 전기 장치나 전자 소음으로 가을 논에 새들이 낟알을 먹으러 오는 것을 쫓지만 60~70년대에는 이런 시설들이 없어서 지푸라기에 천을 씌워서 사람 분장을 해서 새들이 낟알을 먹으러 왔다가 사람인 줄 알고 날아가 버렸다. 요즘 새들은 영악해져서 허수아비는 이제 논에서 거의 찾아볼 수 없게 되었다. 대학가요제 수상 곡 가운데 가수 조정희의 〈참새와 허수아비〉가 있다. 이 노래는 허수아비와 참새에 인격을 부여해서 의인화한 노래이다.

"나는 나는 외로운 지푸라기 허수아비

 너는 너는 슬픔도 모르는 노란 참새"

난센스 퀴즈: 허수아비의 아들은 누구일까? 정답은 '허수'이다.

단어 47 rule of thumb

'눈대중', '어림짐작'을 영어로 무엇이라고 할까? 정답은 'rule of thumb'이다. 직역하면 '엄지의 법칙'이다. 매년 여름 부산 해운대에 온 사람들의 수가 몇 백만이라고 뉴스에 나온다. 그때 기자들은 엄지를 들고 엄지 안에 들어가는 사람들의 수를 센다. 엄지 안에 들어가는 사람들의 수가 많을수록 인원이 많다고 할 수 있다. 따라서 엄지의 법칙은 눈대중이고 눈대중은 영어로 'rule of thumb'이다.

단어 48 cable car

케이블카를 우리말로 무엇이라고 할까? 정답은 '밧줄 차'이다. 케이블카는 밧줄에 의해서 가는 차를 의미한다. 케이블카를 한자로는 '索道(삭도)'라고 한다. '삭도'를 우리말로 풀면 '밧줄로 가는 길'이다. 한자 '索(삭)'은 '밧줄'이라는 뜻으로 쓰일 때에는 '삭'으로 읽히고 '생각하다'라는 뜻으로 쓰일 때에는 '색'으로 읽힌다.

단어 49 Doing against one's will

'억지 춘향'을 영어로 무엇이라고 할까? 정답은 'Doing against one's will'이다. 직역하면 '자신의 의지에 대항해서 하기'이다. 사전에서는 '억지로 어떤 일을 이루게 하거나 어떤 일이 억지로 겨우 이루어지는 경우를 비유적으로 이르는 말'이다. 쉽게 말해서 자신의 의지와 상관없이 마지못해 어떤 일을 하는 것을 '억지 춘향'이라고 한다. "그(그녀)는 그 일을 억지 춘향으로(마지못해서) 했다."를 영어로 표현하면 "He(She) did that work against his(her) will."이 된다.

단어 50 heart attack

'심장 마비'를 영어로 무엇이라고 할까? 정답은 'heart attack'이다. 직역하면 '심장 공격'이다. 심장 마비를 의미하는 또 다른 말로 'cardiac arrest'가 있다. 직역하면 '심장 체포'이다. 심장 마비를 뜻하는 또 다른 말로 'heart failure'가 있다. 직역하면 '심장 실패'이다. 심장을 공격해서 심장을 체포하니 심장이 실패한다고 생각하면 이해하기 쉽다. 심장은 끊임없이 고동친다. 심장의 고동은 자동차의 엔진과 같다. 우리 몸 중에서 가장 중요한 장기 중 하나가 심장이다.

단어 51 Angkor Wat

'앙코르 와트(Angkor Wat)'의 뜻은 우리말로 무엇이라고 할까? 정답은 '사원의 도시'이다.

'앙코르(Angkor)'는 산스크리트어로 도읍을 의미하고 '와트(Wat)'는 크메르어로 사원을 의미한다. 16C 이후부터 앙코르 와트라는 단어가 사용되었다고 한다. 앙코르 와트는 캄보디아 서북부에 있는 12C 초에 돌로 만들어진 사원이다. 1860년 초에 프랑스의 박물학자 앙리 무오가 진기한 나비를 채집하기 위해 현지 안내인들과 함께 캄보디아의 밀림으로 갔다. 그런데 어떤 지점에 이르자 안내인들은 더 이상 가지 않았다. 그들은 더 들어가면 수백 년 동안 텅 빈 도시가 나타나고 그곳에는 주술에 걸린 유령들이 존재한다고 앙리 무오에게 말했다. 앙리 무오는 안내인들을 설득해서 숲으로 들어갔다. 그리고 그의 눈앞에 펼쳐진 장관에 넋을 잃고 말았다. 그는 자신의 일기에 그때의 감격을 이렇게 표현했다.

"하늘의 청색, 정글의 초록색, 건축물의 우아한 곡선이 절묘하게 어우러져 있다. 그리스와 로마가 남긴 그 어떤 유적보다도 위대하다. 세계에서 가장 외진 곳에 세계에서 가장 아름다운 건축이 있었다니 믿어지지 않는다." 앙코르 와트는 세계적인 문화유산이다.

단어 52 a rain gauge

'측우기'를 영어로 무엇이라고 할까? 정답은 'a rain gauge'이다. 직역하면 '비 측정계'이다. 측우기는 비의 양을 측정하는 측량기이다. 측우기는 조선 세종 때 과학자인 장영실이 만들었다고 하는데 최근에는 과학 기술에 관심이 많았던 문종이 만들었다는 이야기도 있다. 측우기는 놀라운 발명품이다. 그 이유는 세종 대왕 이전에는 비는 신의 영역이어서 감히 인간이 측정할 수 없는 신비 그 자체였다. 사람들은 비가 오거나 바람이 불거나 하는 것은 하늘이 노해서 그런 거라고 생각했다. 사람들은 비를 신화적으로 생각했다. 그러한 생각의 틀(패러다임)을 깬 사람이 장영실이다. 측우기는 통에 금을 그어서 비의 양을 측정하는 도구이다. 장영실은 신화적 사고를 과학적 사고로 바꾼 인물이라고 할 수 있다.

단어 53 The Leaning Tower of Pisa

'피사의 사탑'을 영어로 무엇이라고 할까? 정답은 'The Leaning Tower of Pisa'이다. 영어 'lean'은 '기울다'라는 뜻을 가지고 있다. 피사의 사탑은 피사에 있는 중세 건축물이다. 이곳은 기단이 가라앉아 수직면에서 5.2m 기울어진 것으로 유명하다. 공사를 하다가 건물의 기초부가 무른 땅 속으로 기울어지게 가라앉는 것을 발견했을 때에는 이미 전체 8층 중 3층까지 완공되어 있었던 때였다. 이곳은 갈릴레이가 자유 낙하 운동 실험을 한 곳으로도 유명하다. 피사의 사탑은 현대 기술로 똑바로 세울 수 있다고 한다. 그럼 누가 피사의 사탑을 보러 이곳까지 올까? 여기에 바로 절묘한 타협의 비밀이 숨어 있다. 연간 관광객 100만명, 관광 수입만 연간 6억 달러(한국 돈으로 약 7천억 원)라고 한다.

단어 54 cheating

'부정 행위'를 영어로 무엇이라고 할까? 정답은 'cheating'이다. 'cheat'의 뜻은 '속이다'이다. 한국에서는 시험 볼 때 부정행위를 'cunning'이라고 하는데 이는 잘못된 표현이다. 영어 'cunning'은 '교활한'이라는 뜻을 가진 형용사이다.

부정 행위에도 도가 있다.

첫째: '지(智)'다. 시험장에서 감독관의 위치를 파악하는 것이 '지'이다.

둘째: '용(勇)'이다. 어떠한 상황에서도 컨닝해야겠다는 용기를 가지는 것이 '용'이다.

셋째: '신(信)'이다. 보여주는 사람의 시험지의 정답을 무조건 믿는 것이 '신'이다.

넷째: '예(禮)'이다. 정답을 보여주는 사람보다 점수가 낮게 나와야 하는 것이 '예'이다.

이런 부정 행위는 하면 안 되겠죠?

단어 55 caldera

caldera의 뜻은 우리말로 무엇일까? 정답은 화산의 폭발로 인하여 화산의 꼭대기가 거대하게 패여 생긴 부분이다. 화산의 원형 침몰 지형이라고도 한다. 칼데라에 의해 생긴 호수를 칼데라호(caldera lake)라고 한다. 칼데라는 가마솥을 의미하는 라틴어 'caldaria'에서 유래된 스페인어이다. 화산이 분출되면 지하에 있던 마그마가 지표 밖으로 나오면서 그 공간이 비게 된다. 그 빈 공간으로 상층부가 무너져 내리면서 지름이 몇 km에서 몇 십 km의 분화구가 형성된다. 이것이 바로 칼데라(caldera)이다. 백두산 천지가 대표적인 칼데라의 예이다. 칼데라를 쉽게 외우는 방법은 '칼(을) 대라'이다.

단어 56 comp day

'월차 휴가'를 영어로 무엇이라고 할까?

정답은 'comp day'이다. 영어 'comp'는 'compensation'의 약자로 '보상', '보충'이라는 뜻을 가지고 있다. '월차 휴가'를 다른 말로 'a day's leave of absence per month'라고 한다. 직역하면 '매달 하루의 부재 휴가'라는 뜻이다. 월차 휴가란 근로자가 월급을 받으면서 한 달에 한 번씩 쉴 수 있는 휴가를 의미한다.

단어 57 Lipo & lipo-

'Lipo'와 'lipo-' 이 두 단어의 차이는 무엇일까? 'Lipo'는 당나라의 시선(詩仙) 이백을 의미하고 'lipo-'는 '지방'을 의미한다. '李白'을 중국어로 읽으면 'Lipo'가 된다. 'lipo-'는 우리 몸의 3대 영양소인 '지방'을 의미한다. 우리말로는 '이백'과 '지방'은 완전히 다른 단어이지만, 영어로는 'Lipo'와 'lipo-'는 같은 철자라도 "대문자로 시작하느냐 소문자로 시작하느냐" 또는 "hyphen으로 연결되었느냐 연결되지 않느냐"에 따라서 단어의 뜻이 완전히 달라진다.

단어 58 mechanical pencil

'샤프 연필'을 영어로 무엇이라고 할까? 정답은 'mechanical pencil'이다. 직역하면 '기계적인 연필'이다. 샤프 연필(sharp pencil)은 날카로운 연필을 가리키는 말로 콩글리시이다. 샤프 연필이란 펜에 샤프 심을 넣어서 글씨를 쓰는 펜으로 연필심을 깎을 필요가 없고 글씨가 가늘게 나오는 것이 특징이다. 샤프 연필은 한 마디로 연필의 혁명을 가져온 펜이라고 할 수 있다.

단어 59 flipped class

'거꾸로 수업'을 영어로 무엇이라고 할까? 정답은 'flipped class'이다. 영어 'flip'은 '확 젖히다'의 뜻이고 'flipped'는 '확 젖혀진', '거꾸로의'라는 뜻이다. '거꾸로 수업'이란 교사가 수업을 하지 않고 학생들이 수업을 하는 것을 말한다. 학생들은 교사가 제시한 강연 영상을 미리 보고 학습한 후 자신들끼리 팀을 짜서 수업을 한다. 교사는 학생들이 수업할 수 있는 분위기를 조성하고 학생들이 막히는 부분만 수업한다. 교사는 수업에서 촉진자(facilitator) 역할만 한다. 이것이 바로 거꾸로 수업이다. 거꾸로 수업의 장점은 학생들이 수동적인 입장에서 능동적인 입장으로 전환되는 것이다.

단어 60 bright smile

'환한 미소'를 영어로 무엇이라고 할까? 정답은 'a bright smile'이다. 영어 'bright'은 '밝은'이라는 뜻과 '똑똑한'이라는 뜻을 동시에 가지고 있다. 십여 년 전에 캄보디아로 여행을 다녀왔다. 여행 후반부에 수상가옥을 여행하게 되었다. 수상가옥을 보니 거의 가축을 키우는 막사에 가까웠다. 이곳에서 사람이 산다는 것이 쉽지 않겠다는 생각이 들었다. 내가 탄 배가 수상 가옥 주변을 도는데 딸 아이를 무등 태운 사람이 우리가 탄 배를 보고 환한 미소를 짓고 있었다. 나는 그 남자를 보며 '어떻게 저런 해맑고 환한 미소가 나올까?'하고 생각했다. 행복은 물질의 많고 적음이 아니라는 것을 실감했다. 한국에서는 아파트 24평에 살면 32평에 가서 살고 싶어 하고 32평에 살면 38평에 살고 싶어 하는 것이 현실이다. 나는 "한국에 가서도 환한 미소를 잃지 않아야지." 라고 생각했지만 공항에 도착하자마자 그 생각은 사라졌다.

항상 환한 미소라는 안경을 끼고 세상을 보면 세상이 환하게 보이지만 어두운 냉소라는 안경을 끼고 세상을 보면 세상이 어둡게 보인다.

단어 61 crossroad

사거리를 영어로 무엇이라고 할까? 정답은 crossroad이다. 직역하면 교차하는 길(교차로)이다. 사거리를 불어로는 '까르푸(carrefour)'라고 한다. 까르푸는 세계적인 프랜차이즈 대형 할인 매장이다. 한국에서는 1996년 한국 까르푸(주)를 설립하여 한국 영업을 시작했지만 매출이 감소하여 2006년 이랜드 그룹에 매각했다. 중국에서는 carrefour를 중국어로 변형해서 쓰고 있다. 한자로 쓰면 '家樂福(가락복)'이고 발음으로 하면 '짜르부'이다. '집'과 '즐거움'과 '복'이라는 세 글자를 합해서 만들어진 글자이다. 이렇게 한 단어에 대해 여러 언어로 함께 공부하는 것도 좋은 영어 공부 방법이다.

단어 62 Wet firewood

희나리를 영어로 무엇이라고 할까? 정답은 'Wet firewood'이다. 직역하면 '마르지 않은 장작'이다. 예전에 송골매의 리더로 활동했던 가수 구창모의 노래 중에 〈희나리〉가 있다. '희나리'란 '마르지 않은 장작'을 뜻한다. 이 노래의 마지막 구절에 이런 가사가 있다.

기다릴 수밖에 없는 나의 마음은 퇴색하기 싫어하는 희나리 같소.

마르지 않은 장작은 불에 잘 타지 않는다. 사랑이 희나리 같으면 안 된다. 활활 타오르는 마른 장작 같은 사랑이 멋진 사랑이다.

단어 63 culture & civilization

문화와 문명을 영어로 무엇이라고 할까? 정답은 culture & civilization이다. 문화와 문명의 차이는 무엇일까? 영어 'culture'는 'cultivate(경작하다)'에서 나온 말이다. 'civilization'은 'civil(시민의)'에서 나온 말이다. 문화는 수평적이고 문명은 수직적이다. 문화는 '한 사회의 구성원들이 학습을 통해 배우게 되는 공통된 생활 방식 또는 행동 방식'을 의미하고 문명은 '문화가 고도로 발달된 상태'를 의미한다. 부시맨 부족에게도 문화는 있지만 그들의 문화를 문명이라고 하지는 않는다.

단어 64 transfer

이 단어는 '갈아타다'라는 뜻을 가지고 있다. 우리가 지하철 정거장에서 지하철을 타면 환승이라는 푯말을 보게 된다. 그 밑에 영어로 'transfer'라고 표기되어 있다. 영어 'transfer'는 '갈아타다'라는 뜻에서 그 의미가 파생되어 '편입', '전출' 그리고 '전이(轉移)'라는 뜻도 가지고 있다.

▧ 로스 구이

'로스 구이'는 '굽다'라는 뜻을 가진 'roast'와 굽다의 명사형인 '구이'가 합성한 단어이다. 원래는 '로스트(roast) 구이'였는데 발음상 '트'라는 철자가 빠진 것이다. 이 단어에서 다시 '구이'가 사라졌다. 사람들은 '오리 로스'라는 말이 음식점에 쓰여 있으면 '오리 구이'라는 것을 알고 음식점에 들어간다.

▧ 재미있는 호프집

'잔 비어쓰': 이 단어는 '잔이 비었다는 뜻'과 잔에 있는 맥주들 즉 'beer'에 's'가 붙은 'beers'의 의미를 함께 가지고 있다.

▧ vertigo

어지러운 증상을 현기증이라고 한다. 현기증은 영어로 vertigo라고 한다.

vertigo를 쉽게 외우는 방법은 ? 더 이상 버티고 (있을 수 없다)라고 외우면 된다. 현기증이 있으면 더 이상 버티고 있을 수 없다.

▧ makeup의 여러 가지 뜻

makeup은 여러 가지 뜻을 가지고 있다.

첫째, '화장'이다.

여성들이 하는 화장이 첫 번째 뜻이다.

둘째 '분장'이다.

배우가 어떤 작품을 연기하기 위해서 그 역할에 맞게 화장하는 것이 두 번째 뜻이다.

셋째, '(이야기를) 꾸며내다'이다.

'이야기를 꾸며내다'를 영어로 make up a story라고 한다.

넷째, '보충하다'이다.

미비한 부분을 보충하는 것도 make up이다.

✍️ 지명에서 유래한 샴페인과 햄버거

샴페인의 철자를 써보라고 하면 쓰는 사람이 많지 않다. 샴페인은 영어로 champagne이다. 이 단어의 어원은 프랑스 샹파뉴 지방에서 만들어진 술이라는 데서 왔다.

사람들은 자주 햄버거(hamburger)를 먹는다. 햄버거도 그 어원은 독일의 함부르크 지방에서 먹는 빵이라는 뜻이다. 샴페인이나 햄버거나 지명에서 음식의 이름이 유래한 단어이다.

✍️ 서러워서 sorrow

사람들은 슬프면 서럽게 운다. 그러한 슬픔을 영어로 sorrow라고 한다. 그런데 재미있는 것은 sorrow라는 단어의 발음이 우리말의 "서러워"와 유사하다.

외국어를 공부하다 보면 우리말과 비슷하게 발음되는 단어들이 많다. 예를 들면 숯을 영어로 soot이라고 하는 것도 그러한 예이다. 그러나 두 단어가 서로 같은 어원을 가지기 보다는 우연히 두 단어의 발음이 유사하다고 보는 것이 좋다.

슬프면 서러워요. '서러워'를 영어로 sorrow라고 한다. 이렇게 우리말과 발음이 유사한 단어를 찾아보는 것도 영어를 공부하는 즐거움이다.

관용적 표현 65 **I'm into English.**

"나는 영어에 빠졌다"를 영어로 어떻게 표현할까? 정답은 "I'm into English."이다. into는 '~안으로'라는 뜻이다. into는 방향성을 내포한 전치사이다. into와 비슷한 단어로 in이 있는데 in은 '~안에'라는 뜻이다. "나는 음악에 빠졌다"는? "I'm into music"이고 나는 사랑에 빠졌다"는? "I'm into love"이다. 개그우면 박경림의 노래 가운데 "빠져 빠져"가 있다. 무언가에 빠진다는 것은 아주 좋은 것이다.

관용적 표현 66 **I'm on top of the world.**

"나는 기분이 아주 좋다."를 영어로 무엇이라고 할까? 쉬운 영어로 하면 "I am very happy."이다. 조금 더 멋스러운 영어로는 "I'm on top of the world."와 " I'm on cloud nine."이 있다. "I'm on top of the world."는 나는 세상의 꼭대기에 있다는 뜻이다. 세상의 꼭대기에 있으면 기분이 좋은 것은 당연하다. "I'm on cloud nine."은 나는 9번째 층위의 구름 위에 있다는 뜻이다. 9번째 층위의 구름 위를 쉽게 말하면 다음과 같다. 우리가 비행기를 타고 갈 때 비행기가 이륙하고 어느 정도 지난 후 창문으로 밖을 보면 멋진 구름의 모양들이 보인다. 내가 손오공이라면 구름 위로 뛰어서 구름을 타고 다니고 싶은 욕망이 생긴다. 쉽게 말하면 구름 위에 있는 것처럼 기분이 좋다는 뜻이다.

관용적 표현 67 I don't know the ps and qs about English.

"영어의 영자도 모른다"를 영어로 어떻게 쓸까? 정답은 "I don't know the ps and qs about English."이다. 영 소문자 p와 q는 글자가 비슷하다. 그래서 낫 놓고 기역자도 모르는 것을 영어에서는 p와 q도 구별 못 한다고 쓴다. "나는 음악의 음자도 모른다"는 영어로 "I don't know the ps and qs about music."이고 "나는 춤의 춤자도 모른다"는 영어로 "I don't know the ps and qs about dancing."이다.

관용적 표현 68 Within a stone's throw

'엎어지면 코 닿을 데'는 영어로 무엇이라 할까? 정답은 "Within a stone's throw"이다. "그의 집은 엎어지면 코 닿을 데 있다."는 영어로 "His house is within a stone's throw."이다. 우리말이 영어보다 과장이 훨씬 더 크다. 즉 "돌멩이를 던지면 닿을 수 있는 거리 내에" 라는 뜻이다. 영어 "Just around the corner"는 보이는 것, 보이지 않는 것을 다 이야기할 수 있는데 "Within a stone's throw"는 눈에 보이는 것만 이야기할 수 있다.

관용적 표현 69 **You take my breath away.**

"나는 당신에게 반했다"를 영어로 무엇이라 할까?

영어로 여러 가지 표현들이 있다.

1) I got my mind set on you.

직역하면 "나는 나의 마음을 당신에게 고정시켰다."이다.

나의 시선은 당신에게만 채널 고정이라는 의미이다.

2) I am stuck on you.

직역하면 "나는 당신에게 달라붙었다."이다.

3) You take my breath away.

직역하면 "당신은 나의 숨을 가져가버린다."이다. 그대 앞에서는 숨도 제대로 쉴 수 없다는 의미이다. 영화 〈탑건〉의 주제가가 "Take my breath away" 인데 이때는 주어 you가 생략된 표현이다.

관용적 표현 70 **I'll keep my fingers crossed for you.**

"당신에게 신의 가호가 있으시기를." 이 문장을 아주 쉬운 영어 표현으로 하면 "God bless you." 이다. 이 문장을 고급 영어로 하면 "I'll keep my fingers crossed for you."라고 한다. 이 문장을 직역하면 "나는 당신을 위해 내 손가락들을 교차시키겠습니다."이다. 검지 손가락 위에 중지 손가락을 구부리면 십자가 모양 비슷하게 된다. 손가락이 십자가 모양이 되는 분은 정형외과에 가야 한다.

한 어린 소년에게 어른이 손가락을 펴고 "이게 영어로 뭐야?" 하니까 소년은 "핑거"라고 대답했다. 그러자 어른은 어린 소년에게 놀라서 손가락을 주먹을 쥐고 "이게 영어로 뭐야?" 라고 하니까 소년이 이렇게 말했다. "안 핑거"

> "I will keep my fingers crossed for you." 정리

관용적 표현 71 It's damn cold.

"날씨가 너무 춥다."를 영어로 어떻게 표현할까? 아주 쉬운 영어로는 "It's very cold."이다.

"It's damn cold."라는 표현이 있다. 'damn'은 '저주하다'라는 뜻을 가지고 있다. 저주할 만큼 춥다는 뜻이다. 같은 표현으로 "It's piercing cold."가 있다. 'piercing'은 '관통하는'이라는 뜻을 가지고 있다. 살을 관통할 만큼 즉, 살을 에일 만큼 춥다는 뜻이다. 귀를 뚫는 것을 피어싱 한다고 한다. 살을 에는 듯이 춥다는 표현으로 "It's penetrating cold."도 있다. 같은 표현으로 "It's freezing cold."가 있다. 'freezing'은 '언'이라는 뜻을 가지고 있

다. 얼 만큼 춥다는 뜻이다.

아주 춥다.
= It's damn cold.
= It's piercing cold.
= It's penetrating cold.
= It's freezing cold.

관용적 표현 72 Made in heaven

'천생연분(天生緣分)'이란 하늘이 인연을 만들어 준다는 뜻
이다. '천생연분'을 영어로 무엇이라고 할까? 정답은 'Made in
heaven'이다. 직역하면 "하늘에서 만들어진"이라는 뜻이다. 그럼
"그들은 천생연분이다."를 영작하면 어떻게 할까? 정답은 "They
are made in heaven."이다.

천생연분(天生緣分)
= Made in heaven

A Jack of all trades

‘팔방미인(八方美人)’을 영어로 무엇이라고 할까? 정답은 ‘a Jack of all trades’이다. 직역하면 ‘모든 분야의 잭’이다. 같은 표현으로 ‘a well-rounded man’과 ‘a Renaissance man’이 있다. ‘a well-rounded man’은 모든 일을 두루 두루 잘 하는 사람이라는 뜻이고 ’a renaissance man’은 르네상스 시대의 사람이라는 뜻이다. 르네상스 시대의 대표적 거장 레오나르도 다빈치와 미켈란젤로는 다루지 않은 분야가 없는 사람이었다.

> 정리
>
> 팔방미인(八方美人)
> = a Jack of all trades
> = a well-rounded man
> = a renaissance man

My boss likes red tape.

‘관료주의’를 영어로 무엇이라고 할까? 정답은 bureaucracy이다. bureau는 사무실을 뜻하는 프랑스어이고 cracy는 지배라는 의미이다. 직역하면 ‘사무실의 지배’가 관료주의이다. 관료주의를 나타내는 또 다른 표현으로 red tape이 있다. red tape이 관료주의가 된 이유는 옛날 관공서에서 서류를 묶을 때 붉은 끈으로 묶은 데서 유래되었다고 한다. "나의 상사는 관료주의를 좋아해."를 영어로 "My boss likes red tape."이라고 한다.

관용적 표현 75 You are dressed to kill.

"멋있게 차려 입었다."를 영어로 무엇이라고 할까? 정답은 "You are dressed to kill."이다. 직역하면 "너는 매혹시키기 위해 옷을 입었다."이다. 영어 단어 kill은 '죽이다'는 뜻도 있지만 '매혹시키다'는 뜻도 있다. Killing me softly with his song이라는 팝송이 있다. "그의 노래는 나를 부드럽게 매혹시킨다."는 뜻이다.

관용적 표현 76 He lives from hand to mouth.

"그날 벌어 그날 산다."를 영어로 하면 무엇일까? 정답은 "He lives from hand to mouth."이다. 직역하면 "그는 손으로부터 벌어서 입으로 간다."이다. "손에서 입으로"의 의미는 "그날 벌어 그날 산다."는 의미이다.

관용적 표현 77 Put yourself in another's shoes.

역지사지(易地思之)란 입장을 바꾸어서 그것을 생각한다는 뜻이다. 그러면 '역지사지'를 영어로 무엇이라고 할까? 정답은 "Put yourself in another's shoes."이다. 직역하면 "다른 사람의 신발을 신어라."이다. 이 말의 의미는 다른 사람의 입장이 되어 보아라는 뜻이다. 영어 문장에서 "내가 만약 너의 입장이라면"을 영어로 하면 "If I were in your shoes~"이다. 상대방의 신발을 신고 있는 것은 그 사람의 입장을 이해하는 것이다.

관용적 표현 78 Cat got your tongue?

"꿀 먹은 벙어리니?"를 영어로 무엇이라고 할까? 정답은 "Cat got your tongue?"이다. 직역하면 "고양이가 너의 혀를 잡고 있니?"이다. 고양이가 혀를 잡고 있으면 말을 할 수 없다. 영어에서는 꿀 먹은 벙어리를 이야기할 때 '꿀'이라는 단어와 '벙어리'라는 단어를 전혀 쓰지 않는다.

관용적 표현 79 I heard it through the grape vine.

"풍문으로 들었어요."를 영어로 무엇이라고 할까? 정답은 "I heard it through the grape vine." 이다. 직역하면 "나는 그것을 포도 덩굴을 통해서 들었어."이다. 포도 덩굴은 어디가 시작이고 어디가 끝인지 알 수 없다. 풍문도 진앙지(풍문의 근원지)를 알 수 없다.

관용적 표현 80 I will eat my hat.

"내 손에 장을 지지겠다."를 영어로 무엇이라고 할까? 정답은 "I will eat my hat."이다. 직역하면 "나는 나의 모자를 먹겠다."이다. "내 성을 바꾸겠다."도 같은 표현이다. 손에 장을 지지는 것과 모자를 먹는 것은 불가능한 일이다. 이 표현은 어떤 일이 절대 이루어지지 않는다는 것을 전제로 하는 표현이다.

관용적 표현 81 I slept like a log.

"나는 세상모르고 잤다."를 영어로 무엇이라고 할까? "I slept without knowing about the world." 라고 하면 우스운 영어가 된다. 정답은 "I slept like a log."이다. 직역하면 "나는 통나무처럼 잤다."이다. 움직이지 않는 통나무처럼 자는 것이 바로 세상모르고 자는 것이다.

관용적 표현 82 Let sleeping dogs lie.

"긁어 부스럼 만들지 마라."를 영어로 무엇이라고 할까? 정답은 "Let sleeping dogs lie."이다. 직역하면 "잠자고 있는 개들을 누워 있게 해라."이다. 잠자는 개들을 내버려 두면 되는데 굳이 깨우지 마라는 뜻이다.

관용적 표현 83 Don't spill the beans.

"비밀을 누설하지 마라."를 영어로 무엇이라고 할까? 정답은 "Don't spill the beans."이다. 직역하면 "콩 자루를 엎지르지 마라."이다. 왜 "콩 자루를 엎지르지 마라."가 "비밀을 누설하지 마라." 라는 뜻이 되었을까? 1849년에 미국의 캘리포니아로 일확천금을 노린 광부들이 진출하는 Gold Rush 열풍이 불었다. 정부에서는 사람들이 너무 금을 많이 캐가서 '금 채굴 금지령'을 내렸다. 금을 캔 사람들은 금을 자루의 바닥에 넣고 그 위에 콩 자루를 덮어서 위장했다. 그래서 검문 시에 콩 자루를 엎지르면 금이 쏟아져 나오니까 "콩 자루를 엎지르지 마라."라는 표현이 생겼고 콩 자루를 엎지르는 것은 비밀을 누설하는 것과 같은 뜻으로 쓰이게 되었다.

관용적 표현 84 It's raining cats and dogs.

"비가 억수같이 내리고 있다."를 영어로 무엇이라고 할까? 정답은 "It's raining cats and dogs."이다. 직역하면 "고양이와 개가 싸우고 있는 것처럼 비가 내린다."이다. 예전에 학생들에게 "It's raining cats and dogs."를 번역하라고 시험을 낸 적이 있었다. 한 학생이 자신 있게 이렇게 답안을 적었다.

"비가 오고 있는데 고양이와 개가 놀고 있다."

관용적 표현 85 He is second to none in music.

누구나 자신이 일하는 분야에서 1인자가 되고 싶어 한다. "음악에 있어서는 그는 누구에게도 뒤지지 않는다."를 영어로 무엇이라고 할까? 정답은 "He is second to none in music."이다. 직역하면 "음악에 있어서는 그는 누구에게도 2등이 아니다."이다.

관용적 표현 86 I have butterflies in my stomach.

"나는 초조하다."를 영어로 어떻게 표현할까? 아주 쉬운 표현으로는 "I'm nervous." 또는 "I am anxious."가 있다. 고급 표현은 "I have butterflies in my stomach."이다. 이 문장을 직역하면 "나는 뱃속에 나비들이 있다."이다. 왜 이 표현이 초조하다는 의미일까? 뱃속에 나비들이 들어 있으면 나비들이 날개를 펄럭이며 배의 이곳, 저곳을 날아다닐 것이다. 그럼 아주 심장 박동 수가 많아질 것이다. 그래서 "나는 초조하다."는 뜻이 된다.

관용적 표현 87 Your mind is somewhere else.

"네 마음이 콩밭에 있다."를 영어로 어떻게 표현할까? "Your mind is in the bean field."라고 쓰면 콩글리시이다. 정답은 "Your mind is somewhere else."이다. 이 문장을 직역하면 "너의 마음은 그밖에 어딘가에 있다."이다. 마음이 콩밭에 있다는 것은 다른 생각을 하고 있다는 뜻이다. 마음이 콩밭에 있다는 것을 한자로 '心不在焉(심부재언)'이라고 한다. "마음이 여기에 존재하지 않는다."라는 뜻이다.

관용적 표현 88 I have a snake in my boots.

"나는 알코올 중독이다."를 영어로 표현하면 무엇이라고 할까? "I'm an alcoholic."이라고 할 수도 있지만 관용적 표현으로는 "I have a snake in my boots."이다. 이 문장을 직역하면 "나는 나의 부츠에 뱀을 가지고 있다."이다. 부츠에 뱀이 들어가 있으면 잘 걷지 못할 것이다. 알코올중독자인 경우에는 길을 갈 때 갈지(之)자로 간다. 우리말보다 영어가 훨씬 더 구체적이고 동적인 이미지가 많다.

관용적 표현 89 You are a fish out of water.

"너는 독 안에 든 쥐다."를 영어로 무엇이라고 할까? 정답은 "You are a fish out of water."이다. 직역하면 "너는 물 밖으로 나온 물고기이다."이다. 물 밖으로 나온 물고기는 독 안에 든 쥐처럼 꼼짝 못한다.

관용적 표현 90 I can drink everybody under the table.

"나는 술이 아주 세다."를 영어로 무엇이라고 할까? 정답은 "I can drink everybody under the table."이다. 직역하면 "나는 테이블 아래에서 모든 사람을 술을 마시게 할 수 있다."라는 뜻이다. 사람이 술을 마시면 알콜이 들어가면서 점점 테이블 아래로 내려가게 된다. 그 테이블 아래에 있는 사람과 술을 마신다는 뜻이다. 술을 마실 수도 있지만 술 자랑을 하는 것은 좋은 것이 아니다. 가끔씩 술을 마시는 것이 좋다. 간도 해독할 시간이 필요하다.

관용적 표현 91 You stood me up yesterday.

"당신은 어제 나를 바람 맞혔다."를 영어로 무엇이라고 할까? "You hit me a wind."는 콩글리시이다. 정답은 "You stood me up yesterday."이다. 직역하면 "당신은 어제 나를 세워 놓았다."이다. 어떤 사람을 세워 놓았다는 것은 어떤 사람을 바람맞힌 것이다. 약속된 시간에 누군가를 기다려도 오지 않을 때의 기분은 겪어보지 않은 사람은 모른다. 가수 펄시스터즈의 노래 〈커피 한 잔〉에 이런 내용의 가사가 있다.

커피 한 잔을 시켜 놓고 그대 올 때를 기다려 봐도

웬일인지 오지를 않네. 내 속을 태우는구려.

관용적 표현 92 Don't beat around the bush.

"빙빙 돌려 말하지 마."를 영어로 무엇이라고 할까? 정답은 "Don't beat around the bush."이다. 직역하면 "수풀 주변을 때리지 마."이다. 수풀 주변을 때린다는 것은 본론을 말하지 않고 주변의 이야기만 계속하는 것이다. 예를 들면 아들이 논이 필요한데 엄마에게 "제 삶이 참 고달파요. 여유롭게 지내기가 쉽지 않네요." 이러면 엄마는 아들에게 "빙빙 돌려 말하지 마."라고 한다. "빙빙 돌려 말하지 마."라는 표현은 용건부터 이야기하라는 뜻이다.

관용적 표현 93 He hit the ceiling.

"그는 화가 머리끝까지 났다."를 영어로 무엇이라고 할까? 정답은 "He hit the ceiling."이다. 직역하면 "그는 천장을 때렸다."이다. 화가 나면 발을 구르게 된다. 발을 구르면 머리는 천장 쪽으로 향한다. 머리가 천장 쪽으로 향한다고 해서 머리가 천장을 치지는 않는다. 그렇지만 영어에서는 머리가 천장을 치는 만큼 화가 나서 폴짝 폴짝 뛰었다는 의미로 'hit the ceiling'이라고 표현한다.

관용적 표현 94 A pin might have been heard to fall.

"쥐 죽은 듯이 고요했다."를 영어로 무엇이라고 할까? "It was quiet as a mouse was dead."는 콩글리시이다. 정답은 "A pin might have been heard to fall."이다. 직역하면 "핀이 떨어지는 것이 들렸을지도 모른다."이다. 핀이 떨어지는 것도 들릴 정도이면 쥐 죽은 듯이 고요한 것이다.

관용적 표현 95 Every Tom, Dick and Harry

'어중이떠중이'를 영어로 무엇이라고 할까? 정답은 'Every Tom, Dick and Harry'이다. 직역하면 '모든 철수, 민수, 영수' 이다. '어중이떠중이'란 '각 분야에서 모인 보통 사람들'을 의미한다. 영어에서 'Tom', 'Dick', 'Harry'는 평범한 남자 이름들이다. 우리 말에서는 '어중이떠중이'에는 구체적인 사람의 이름이 없지만 영어에서는 구체적인 사람의 이름이 나온다.

관용적 표현 96 I picked up some English.

"나는 영어를 어깨 너머로 배웠다."를 영어로 무엇이라고 할까? "I learned English over the shoulder."라고 하면 콩글리시이다. 정답은 "I picked up some English."이다. 직역하면 "나는 영어를 집어 올렸다."이다. 정식으로 배우는 게 아니고 어깨 너머로 배우는 것을 영어에서는 'pick up'이라고 한다.

제 5 장

하루 1분 영어

관용적 표현 97 **I blew it.**

"나는 기회를 놓쳤다."를 영어로 무엇이라고 할까? 정답은 "I blew it."이다. 직역하면 "나는 그것을 날렸다."이다. 날렸다는 것은 기회를 놓쳤다는 것을 의미한다. "I blew it."을 응용해보자.

> A: How was the test?
> 시험 어땠어?
> B: I blew the test.
> 망쳤어.

시험을 (바람에) 날려 버렸다는 것은 시험을 망쳤다는 뜻이다.

관용적 표현 98 **go viral**

'유행하게 되다'를 영어로 무엇이라고 할까? 정답은 'go viral'이다. 여기에서 'go'는 '~하게 되다'의 뜻이고 'viral'은 '바이러스의'라는 형용사이다. 바이러스가 금방 퍼지는 것처럼 유행이 된다는 뜻이다. "그의 음악이 유행이 되었다."를 영작하면 "His music went viral."이다. 'viral video'는 바이러스처럼 유행을 타는 비디오를 의미한다.

관용적 표현 99 **I'm under the weather.**

"나 저기압이야."를 영어로 무엇이라고 할까? 정답은 "I'm

under the weather."이다. 직역하면 "나는 날씨 아래에 있다."이다. 저기압이라는 것은 날씨의 영향 아래에 있다는 것이다.

"I'm low air pressure."는 콩글리시이다. "I'm low air pressure."는 나는 고기압 기단과 저기압 기단 중에 저기압이라는 뜻이다.

❀ 인텔리

"그는 소위 인텔리다."라는 말이 있다. 인텔리는 영어 intelligent(인텔리전트, 똑똑한)의 줄임말이 아니고, 지식인을 뜻하는 러시아어 intelligentsa(인텔리겐차)의 줄임말이다.

❀ 의식주를 영어로 하면?

'의식주'를 영어로 무엇이라고 할까? 정답은 'food, clothing & shelter'이다. 우리말에서는 옷(의)을 가장 중요시하고 그 다음이 음식(식)이고 그 다음이 쉴 곳(주)이다. 영어에서는 음식(식)을 가장 중요시하고 그 다음이 옷(의)이고 그 다음이 쉴 곳(주)이다.

❀ 화장품에 쓰이는 영어

1. wrinkle care: 주름살을 돌본다는 의미이다.
2. rouge: 루즈는 빨강색을 나타내는 프랑스어인데 여성들이 입술에 바르는 립스틱을 의미한다.
3. lip gloss: 직역하면 입술 광택제다. 입술이 촉촉하게 보이게 하는 화장품
4. SPF: 자외선 차단 지수(Sun Protective Factor)
5. cleansing cream: 얼굴의 화장을 닦아내는 크림(cleanse는 닦아내다는 의미)
6. cosmetics: 화장품
7. apply(put on) cosmetics: 화장품을 바르다
8. cosmetic(face) powder: 가루분
9. skin softener: 스킨 소프너(피부를 부드럽게 하는 화장품이라는 뜻, soft에 en과 er을 붙이면 소프너로 발음됨)

10. manicure: manus-는 손을 의미하고 cura는 손질을 의미한다. 발에 칠하는 것은 manicure라고 하지 않고 pedicure라고 한다. pedi-는 발을 의미한다.

❀ 동서남북을 영어로 쓰면?

우리가 쓰는 '동서남북'이 영어에서는 '북동서남'이 된다. 사람들은 숲에서 길을 잃으면 나침반으로 북쪽을 먼저 찾는다. 그리고 북쪽의 반대 방향인 남쪽으로 내려온다. 그래서 동서남북을 영어로는 'North, East, West, South'라고 한다.

❀ 금고는 안전해야 한다.

영어 'safe'는 '금고'라는 뜻과 '안전한'이라는 뜻을 가지고 있다. "금고는 안전해야 한다."로 외우면 'safe'의 뜻을 쉽게 알 수 있다. 영어 'patient'는 '환자'라는 뜻과 '인내심이 있는'이라는 뜻을 가지고 있다. "환자는 인내심이 있다."로 외우면 'patient'의 뜻을 쉽게 알 수 있다. 영어 'firm'이라는 단어는 '회사'라는 뜻과 '확고한'이라는 뜻을 가지고 있다. "회사는 확고해야 한다."로 외우면 'firm'의 뜻을 쉽게 알 수 있다.

❀ turn a deaf ear

"들으려고 하지 않다"를 영어로 무엇이라고 할까? 정답은 'turn a deaf ear'이다. 직역하면 "귀머거리 귀를 돌리다"이다. 귀머거리 귀를 돌린다는 것은 들으려고 하지 않는 것이다.

관용적 표현 100 Don't be a back seat driver.

"잔소리 좀 하지 마라."를 영어로 무엇이라고 할까? 정답은 "Don't be a back seat driver."이다. 직역하면 "뒷좌석의 운전수가 되지 마라."이다. 뒷좌석에 있는 사람은 승객이다. 뒷좌석에 앉아있는 승객은 앞좌석에서 운전하는 운전수가 운전하는 것을 인정해야 하는데 뒷좌석에서 앞좌석의 운전수가 운전하는 것에 대해 자신이 운전수인 것처럼 행동한다는 뜻이다.

관용적 표현 101 It's boiling hot.

"날씨가 너무 덥다."를 영어로 무엇이라고 할까? 정답은 "It's boiling hot."이다. 직역하면 "끓는 듯이 뜨겁다."이다. 35도 이상의 더위가 계속될 때 가마솥더위, 불볕더위라고 한다. 그럼 "날씨가 너무 춥다."는 영어로 무엇이라고 할까? 정답은 "It's damn cold.", "It's piercing cold." , "It's penetrating cold."이다. 우리말로 하면 "저주할 만큼 춥다.", "관통할 만큼 춥다.", "살을 에일 만큼 춥다."이다.

관용적 표현 102 Would you give me a big hand?

"저에게 박수 좀 보내주시겠습니까?"를 영어로 무엇이라고 할까? 정답은 "Would you give me a big hand?"이다. 직역하면

"저에게 큰 손을 주시겠습니까?"이다. 큰 손을 준다는 것은 박수를 보낸다는 뜻이다. '박수를 보내다'는 뜻으로 'applaud'라는 단어가 있다. 2013년에 영화 〈파파로티〉가 상영되었다. 유명한 성악가 파바로티에서 제목을 따왔다. 이 영화는 건달이면서 성악의 천재인 제자를 음악 선생님이 잘 교육하여 훌륭한 성악가로 만드는 이야기로 〈미스터 트롯〉 출신 가수 김호중의 실제 이야기를 영화화했다고 한다. 제자가 유명한 성악가가 되고 자신의 공연에서 수많은 사람들의 박수를 받을 때 자신의 공연을 보러 와주신 스승님께 박수를 보내는 장면은 감동적인 장면 중에 하나이다.

관용적 표현 103 Reading is to the mind what food is to the body.

"Reading is to the mind what food is to the body." 이 문장을 우리말로 하면 무엇이라고 할까? 정답은 "독서의 마음에 대한 관계는 음식의 육체에 대한 관계와 같다."이다. 영어 문법 중에서 "A is to B what C is to D."의 뜻은 "A의 B에 대한 관계는 C의 D에 대한 관계와 같다."이다. 음식이 육체에 자양분을 준다면 독서는 정신에 자양분을 준다. 육체만 양분을 얻는 게 아니라 정신도 양분을 얻는다.

관용적 표현 104 **The stork brought you.**

"The stork brought you."를 우리말로 무엇이라고 할까? 정답은 "너는 다리 밑에서 주워왔어."이다. 예전에 아이들이 "나는 어떻게 태어났어?" 라고 물으면 엄마가 이렇게 말씀하셨다. 요즘에도 이렇게 말씀하시는 부모님들이 적지 않을 것이다. 'stork'는 '황새'를 의미한다. 영어에서는 다리 밑에서 주워왔다는 표현을 "황새가 너를 데려왔어."라고 한다. 영어에서는 태어나는 것을 데려온다는 것으로 표현한다.

관용적 표현 105 **Hang in there.**

"참고 견뎌봐."를 영어로 무엇이라고 할까? 정답은 "Hang in there."이다. 직역하면 "거기에서 매달려있어."이다. 철봉에서 오래 매달리기를 한 경험은 누구나 한 번쯤 있다. 목 부분이 철봉 위에 있는 상태로 계속해서 있는 것이 오래 매달리기이다. 오래 매달리기를 하다 보면 손의 힘도 다 빠지고 팔의 힘도 다 빠져서 인내의 한계가 온다. 그처럼 어떤 사람이 적응하는 것을 힘들어할 때 쓰는 표현이다.

관용적 표현 106 **I am all ears.**

"잘 듣고 있어."를 영어로 무엇이라고 할까? 정답은 "I am all

ears."이다. 직역하면 "나는 모두 귀들이야."이다. 다시 말해서 나는 귀를 쫑긋 세우고 듣고 있다는 뜻이다. 얼굴에는 눈, 코, 입, 귀가 있다. 모두 귀일 수가 없다. 이런 영어만의 관용적 표현을 공부하는 것이 영어 공부의 재미이다.

관용적 표현 107 I'm between jobs.

"나 실직 상태야."를 영어로 무엇이라고 할까? 정답은 "I'm between jobs."이다. 직역하면 "나는 직업들 사이에 있다."이다. 직업들 사이에 있다는 것은 아직 일을 얻지 못했다는 의미다. 쉬운 영어로 쓰면 "I'm unemployed."이다.

관용적 표현 108 Don't put your nose into another's business.

"남의 집 제사에 감 놔라 대추 놔라 한다."를 영어로 무엇이라고 할까? 정답은 "Don't put your nose into another's business."이다. 직역하면 "다른 사람의 일에 너의 코를 놓지 마라."이다. 남의 일에 자신의 코를 놓는다는 것은 참견하는 것을 의미한다. 같은 표현은 "It's none of your business(그것은 너의 일이 아니다).", "Mind your own business(당신 자신의 일에 신경 써라)."이다.

관용적 표현 109 **Who brings home the bacon?**

"누가 경제권을 책임지고 있죠?"를 영어로 무엇이라고 할까? 정답은 "Who brings home the bacon?"이다. 직역하면 "누가 집에 베이컨을 가지고 오나요?"이다. 한국에서 쌀이 중요한 식량인 것처럼 미국에서 베이컨은 중요한 식량이다. 집에 베이컨을 가지고 온다는 것은 경제권을 책임진다는 의미다.

관용적 표현 110 **Keep(Hold) your head up.**

"떳떳하게 처신해."를 영어로 무엇이라고 할까? 정답은 "Keep (Hold) your head up."이다. 직역하면 "너의 머리를 위로 높이 유지해라."이다. 사람은 떳떳할 때 머리를 위로 높이 유지하고 떳떳하지 않을 때 머리를 숙인다. 윤동주의 〈서시〉라는 시의 첫 부분에 나오는 너무나도 유명한 구절이 있다.

죽는 날까지 하늘을 우러러
한 점 부끄럼이 없기를

떳떳하게 산다는 것은 이 세상에서 가장 멋진 삶이다.

관용적 표현 111 **If a pig had wings, it could fly.**

"해가 서쪽에서 뜨겠다."를 영어로 무엇이라고 할까? 정답은 "If a pig had wings, it could fly."이다. 직역하면 "만약 돼지가 날개가 있다면, 그것은 날 수 있을 텐데."이다. 해가 서쪽에서 뜨는 것이나 돼지에게 날개가 있는 것은 실현 불가능한 일이다. "해가 서쪽에서 뜨겠다."를 "The sun will rise in the west."라고 쓰면 콩글리시이다.

관용적 표현 112 *Hamlet* without the prince of Denmark

'앙꼬 없는 찐빵'을 영어로 무엇이라고 할까? 정답은 "*Hamlet* without the prince of Denmark"이다. 직역하면 '덴마크 왕자가 없는 〈햄릿〉'이다. 셰익스피어의 4대 비극 중의 한 작품인 〈햄릿〉에 덴마크의 왕자가 안 나오면 앙꼬 없는 찐빵, 오아시스 없는 사막이다.

관용적 표현 113 You're burning money.

"너는 돈을 물 쓰듯이 쓴다."를 영어로 무엇이라고 할까? 정답은 "You're burning money."이다. 직역하면 "너는 돈을 태우고 있다."이다. 돈을 태운다는 것은 "돈을 물 쓰듯이 쓴다."라는 말과 같은 표현이다. "돈을 물 쓰듯 한다."라는 말을 중국어로는 "大手大脚(따 소우 따 쟈우)"라고 한다. 즉, "큰 손, 큰 다리"라는 뜻이다.

관용적 표현 114 I'm still hungry.

"간에 기별도 안 간다."를 영어로 무엇이라고 할까? 정답은 "I'm still hungry."이다. 직역하면 "나는 여전히 배가 고프다."이다. "간에 기별도 안 간다."라는 말은 너무 적게 먹어서 아직도 배가 고프다는 뜻이다. 같은 표현으로는 "I still feel hungry."가 있다. 해석하면 "나는 아직도 배고프게 느낀다."이다. 또 다른 표현으로는 "That didn't fill me up."이다. 해석하면 "그것은 나를 완전히 채우지 않았다."이다.

관용적 표현 115 The book sells like hot cakes.

"그 책은 날개 돋친 듯이 팔린다."를 영어로 무엇이라고 할까? 정답은 "The book sells like hot cakes."이다. 직역하면 "그 책은 핫 케이크처럼 팔린다."이다. 핫 케이크는 맛있는 서양 요리 중에 하나이다. '잘 팔린다.'라는 의미로 영어에서는 '핫 케이크'라는 표현을 쓰고 한국어에서는 '날개'라는 표현을 쓴다. 영어 단어 'sell'은 '팔다'라는 뜻도 있고 '팔리다'라는 뜻도 있다. 'sell' 뒤에 목적어가 오면 '팔다'라는 뜻이고 목적어가 나오지 않으면 '팔리다'라는 뜻이다.

관용적 표현 116 He sat on a pile of money by investing in stocks.

"그는 주식 투자로 돈방석에 앉았다."를 영어로 무엇이라고 할까?

정답은 "He sat on a pile of money by investing in stocks."이다. 직역하면 "그는 주식에 투자함으로써 돈더미 위에 앉았다."이다. 우리말과 거의 똑같이 묘사하는 영어 표현이다.

영어 문법에서 'by ~ing'는 '~함으로써'라는 뜻을 가지고 있다. 우리말과 영어 표현의 차이점은 우리말에서는 '돈방석'이라고 표현하는 데 비해 영어에서는 '돈더미'라고 표현하는 것이 차이점이다. 돈방석 위에 앉는 것은 사람이라면 누구나 가지는 욕망이다.

관용적 표현 117 We click very well together.

"우리는 죽이 잘 맞아요."를 영어로 무엇이라고 할까?

정답은 "We click very well together."이다. 직역하면 "우리는 클릭을 함께 매우 잘한다."이다. 클릭을 함께 한다는 것은 마음이 잘 맞는다는 의미이다. "죽이 맞다"는 말과 같은 표현으로 "쿵짝이 잘 맞는다."도 있다.

그럼, "죽이 잘 맞는다"라는 표현에서 '죽'은 무엇을 뜻할까? '죽'은 주로 수량을 나타내는 말 뒤에 쓰여 '옷, 그릇 따위의 열 벌'을 묶어 이르는 말을 의미한다. '접시 두 죽', '버선 한 죽' 등이 대표적인 예이다. 여기에서 죽은 먹는 죽과는 전혀 관계 없다.

관용적 표현 118 Will you give me your hand?

"저와 결혼해 주시겠습니까?"를 영어로 무엇이라고 할까? 직역하면 "당신의 손을 제게 줄래요?"이고 속뜻은 "저와 결혼해 주시겠습니까?"이다. 쉬운 표현으로 "Will you marry me?"가 있다. 영국의 위대한 극작가 버나드 쇼의 작품 중에 『인간과 초인간』이 있다. 그는 1903년에 이 작품을 발표했다. 그는 니체의 초인사상의 영향을 받아서 이 작품을 썼고, 그의 인생관과 예술혼이 살아 있다. 이 작품에서 그는 삶의 힘은 여성에게서 발생한다고 이야기한다. 이 작품의 끝부분에 여주인공 앤과 남자주인공 옥테이비어스 사이에 이런 대화가 오고 간다.

앤: 당신이 저를 신 같은 존재로 생각하시면 저는 늘 그런 생각에 합당하도록 해야 할 겁니다. 우리가 결혼을 하게 되면 그렇게는 안 될 거예요. 그렇지만 제가 잭하고 결혼을 하게 되면 당신이 환멸을 느끼게 되지 않을 겁니다. 적어도 제가 늙게 되기 전에는

옥테이비어스: 나도 역시 늙게 될 것 아니오. 앤? 내가 여든 살이 되어도 내가 사랑하는 여인의 한 올의 백발은 세상에서 제일 아름다운

젊은 부인의 숱 많은 금발보다도 더 나의 가슴을 떨리게 할 것이외다.

앤은 옥테이비어스에게 자신이 다른 사람과 결혼을 하게 되면 자신이 늙기 전까지는 자신에 대한 사랑의 감정이 있을 것이고 자신이 늙은 후에는 자신에 대한 사랑의 감정이 식을 것이라고 이야기한다.

그러자 옥테이비어스는 앤에게 자신이 80세가 되어도 자신이 사랑하는 여인의 백발은 세상에서 가장 아름다운 젊은 여인의 숱 많은 금발보다 더 자기의 가슴을 떨리게 할 것이라고 말한다.

지금의 아내에게 옥테이비어스의 이 글을 편지에 써서 주며 "이 글로 프러포즈를 대신합니다."라고 말했다. "저와 결혼해주시겠어요?"라는 말이 그 때에는 왜 그리 쑥스러웠는지 지금 생각하면 입가에 웃음이 번진다.

관용적 표현 119 He has a wide acquaintance.

"그는 마당발이다."를 영어로 무엇이라고 할까? 정답은 "He has a wide acquaintance."이다. 직역하면 "그는 넓은 지인을 가지고 있다."이다. 마당발은 발이 넓은 사람을 의미한다. 그렇다고 마당발을 영어로 'wide foot'이라고 하면 콩글리시이다. 사람들과의 사귐이 많고 폭넓은 사람을 마당발이라고 한다. 개그맨 유재석과 강호동은 연예계의 마당발이라고 할 수 있다.

관용적 표현 120 Something's fishy.

"뭔가 수상쩍다."를 영어로 무엇이라고 할까? 정답은 "Something's fishy."이다. 직역하면 "뭔가 생선 비린내가 난다."이다. 생선 비린내는 금방 냄새가 퍼진다. 낚시터나 강 또는 바다에서 낚시를 하면 낚싯대에 물고기가 낚일 때 그 비린내가 심하게 난다. 누군가가 수상할 때. "뭔가 구린 게 있어."라고 말한다. 구리다는 것은 "깨끗하지 못하고 좋지 않은 느낌을 주는 데가 있다."라는 뜻이다.

관용적 표현 121 You're wasting your breath.

"말해봤자 네 입만 아플 거야."를 영어로 무엇이라고 할까?

정답은 "You're wasting your breath."이다. 직역하면 "너는 너의 호흡을 낭비하고 있다."이다. 말해도 그 말을 듣는 사람이 실행에 옮기지 않을 때 말해봐야 입만 아프다고 이야기한다. 말해봐야 입만 아프다는 것은 말해봐야 호흡을 낭비한다는 것과 같은 의미를 가진다.

관용적 표현 122 She is the apple of my eye.

"그녀는 눈에 넣어도 아프지 않아요."를 영어로 무엇이라고 할까?

정답은 "She is the apple of my eye."이다. 직역하면 "그녀는 내 눈의 사과이다."이다. 눈에 사과가 있다는 것은 눈에 넣어도 아프지 않다는 것을 의미한다. 같은 표현으로는

1. "She means everything to me.(그녀는 나에게 모든 것을 의미한다)"

2. "She's very precious to me.(그녀는 나에게 매우 가치가 있다)"

3. "She's more dear to me than life itself.(그녀는 삶 그 자체보다도 나에게 더 소중하다)"

가 있다.

누군가에게 눈에 넣어도 아프지 않은 사람이 된다는 것은 의미 있고 행복한 일이다.

제 5 장 하루 1 분 영어

관용적 표현 123 **He has clean hands.**

"그는 결백해."를 영어로 무엇이라고 할까? 정답은 "He has clean hands."이다. 직역하면 "그는 깨끗한 손들을 가지고 있다."이다. 깨끗한 손을 가지고 있다는 것은 죄와 거리가 멀다는 뜻이다.

영어에서는 누군가의 심리적인 상태를 신체의 일부로 표현하는 경향이 있다. "He doesn't have clean hands."라고 표현하면

그는 깨끗한 손들을 가지고 있지 않으므로 "그는 결백하지 않다." 라는 의미가 된다.

관용적 표현 124 Who will bell the cat?

"누가 위험한 일을 자처하지?"를 영어로 무엇이라고 할까?

정답은 "Who will bell the cat?"이다. 직역하면 "누가 고양이에게 방울을 달지?"이다. 쥐에게 고양이는 천적이다. 쥐들이 자신에게 고양이 목에 방울을 달아서 고양이의 행적을 파악하자고 토론했다. 그러나 막상 토론이 시작되자 정작 고양이의 목에 방울을 달 쥐들은 없었다. 고양이의 목에 방울을 달다가 고양이에게 잡히면 죽을 수도 있기 때문이었다. 그래서 "누가 고양이에게 방울을 달지?"라는 표현은 "누가 위험한 일을 자처하지?"라는 말을 의미하게 되었다.

관용적 표현 125 He's robbing the cradle.

"He's robbing the cradle." 이 문장을 번역하면 어떻게 될까? 정답은 "그는 연하의 상대와 교제하고 있다."이다. 직역하면 "그는 요람을 훔치고 있다."이다. 요람은 갓난아이를 태우고 흔들게 만든 물건이다. 요람은 어린 아이를 잘 놀게 하거나 재우기 위해 사용한다. 요람은 갓난아이를 상징하는 단어이다. 그래서 요람을 훔친다는 것은 연하의 상대와 교제한다는 의미로 확대 해석이 되었다고 할 수 있다.

관용적 표현 126 A little bird told me.

"A little bird told me." 우리말로 무엇이라고 할까? 정답은 "소문으로 들었다."이다. 직역하면 "작은 새가 나에게 말했다."이다. 영어에서는 소문으로 들었다는 말을 작은 새가 사람에게 말했다고 표현한다. 작은 새는 사람처럼 말을 할 수가 없다. 새가 사람에게 말한다는 것은 의인법이다. 의인법이란 인격 없는 대상에 인격을 불어넣는 수사법이다. 작은 새는 사람에게 소식을 전해주는 상징으로 쓰였다.

관용적 표현 127 I burned my bridges.

"나는 배수의 진을 쳤다."를 영어로 무엇이라고 할까?

정답은 "I burned my boats behind me."이다. 직역하면 "나는 내 뒤에 있는 배들을 태웠다."이다. 내 뒤에 있는 배들을 태웠다는 것은 더 이상 물러나지 않겠다는 결연한 의지의 표상이다. '배수(背水)의 진(陣)'이란 '물을 등지고 진을 치다, 목숨을 걸고 일을 도모하는 결연한 자세'를 말한다. 즉, 더 이상 도망갈 데가 없게 되면 사람은 죽을 힘을 다해 싸우게 된다.

'배수의 진을 친다.'는 또 다른 표현으로 "I burned my bridges."가 있다. 직역하면 "나는 나의 다리들을 태웠다."이다. 다리들을 태운다는 것은 더 이상 돌아갈 수 없다는 의지의 표명이다.

관용적 표현 128 I'm on the teacher's bad side.

"나는 선생님에게 찍혔어요."를 영어로 무엇이라고 할까?

정답은 "I'm on the teacher's bad side."이다. 직역하면 "나는 선생님의 나쁜 쪽 위에 있다"이다. '찍히다'를 다른 말로 '눈 밖에 나다'라고도 한다. 'teacher's bad side'는 '선생님이 생각하시는 나쁜 쪽'이다.

"나는 선생님에게 찍혔어요."의 다른 표현으로는

"I get on teacher's wrong side.(나는 선생님의 그릇된 쪽 위에 있다)",

"I'm on teacher's bad books.(나는 선생님의 나쁜 책 위에 있다)"가 있다.

"나는 선생님의 애제자예요."라고 할 때에는 "I'm on the teacher's good side."라고 한다. '애제자'라는 것은 선생님이 생각하는 좋은 쪽 위에 있다는 것을 의미한다.

관용적 표현 129 **He's got the ball.**

"칼자루를 쥔 건 그이다."를 영어로 무엇이라고 할까? 정답은 "He's got the ball."이다. 직역하면 "그가 공을 잡고 있다."이다. 미식축구에서 공을 잡은 사람은 공을 찰 것인지 패스할 것인지를 결정하여야 한다. 그의 선택에 의해서 결과가 좌우된다. 공을 잡고 있다는 것은 바로 칼자루를 쥐고 있는 것이다.

관용적 표현 130 **I have goose flesh.**

"닭살 돋네요."를 영어로 무엇이라고 할까? 정답은 "I have goose flesh."이다. 직역하면 "나는 거위의 살을 가지고 있다."이다. 우리말에서는 닭살이라는 표현을 쓰는 데 반하여 영어에서는 거위 살이라는 표현을 쓴다. 닭살은 살이 오돌토돌하다. 닭살이 돋는다는 것은 소름이 끼쳐서 살이 오돌토돌해진다는 의미이다.

관용적 표현 131 **I've learned enough.**

"나는 배울 만큼 배웠어."를 영어로 무엇이라고 할까?

정답은 "I've learned enough."이다. 직역하면 "나는 충분히 배웠다."이다. "I learned as much as I learned."라고 쓰면 콩글리시다.

관용적 표현 132 **Hold your horses.**

"서두르지 마."를 영어로 무엇이라고 할까? 정답은 "Hold your horses."이다. 직역하면 "너의 말들을 잡아라."이다. "서두르지 마." 를 쉬운 영어로 쓰면 "Don't hurry up."이다. 말을 잡고 있다는 것은 말의 고삐를 잡고 있다는 뜻이고 말의 고삐를 잡고 있다 는 것은 말에게 박차를 가하지 않는다는 뜻이다. 그래서 "Hold your horses."는 "서두르지 마."라는 뜻이 된다.

관용적 표현 133 **He is behind bars.**

"He is behind bars."를 우리말로 무엇이라고 할까? 정답은 "그 는 감옥에 있다."이다. 직역하면 "그는 쇠창살 뒤에 있다."이다. 쇠 창살 뒤에 있다는 것은 감옥에 있다는 것의 비유적 표현이다. "그 는 감옥에 있다."를 "He is in a prison."이라고도 쓰지만 "He is behind bars."가 고급스러운 영어의 관용적 표현이다.

관용적 표현 134 **Don't brush me off.**

"날 물로 보지 마." 라는 광고 카피 라이팅이 있었다. 이 말을 어떻게 영작하면 될까? "날 물로 보지 마."를 "Don't see me as water."라고 하면 콩글리시다. 날 물로 보지마는 영어로 "Don't brush me off."이다. 날 솔로 먼지를 털어내듯이 띄엄띄엄 보지 마라는 뜻이다.

누군가를 물로 본다는 것은 누군가를 하찮게 본다는 뜻이다.

관용적 표현 135 Money talks everything.

"돈이면 다 된다."를 영어로 무엇이라고 할까? 정답은 "Money talks everything."이다. 직역하면 "돈은 모든 것을 말한다."이다. 미국의 유대계 작가인 J.D. Salinger(샐린저)의 소설 『호밀밭의 파수꾼』에 이런 말이 나온다. "In New York, money talks everything." 이 말을 해석하면 "뉴욕에서는 돈은 모든 것을 말한다."이다. 이 말을 의역하면 "돈이면 다 된다."이다. 돈이면 다 된다는 생각을 '물질 만능주의(배금주의)'라고 한다.

제 5 장

하루 1분 영어

🎗 kidult

키덜트란 키드(kid, 아이)와 어덜트(adult, 성인)의 합성어로 어른이 되었는데도 여전히 어렸을 적의 분위기와 감성을 간직한 성인들을 일컫는다.

🎗 H, HB

연필 중에 4 B 연필과 4HB 연필이 있다. 여기서 H와 HB의 의미는 무엇일까? H는 영어 Hard(단단한)의 약자이고 HB는 영어 Hard Black(단단하고 검은)의 약자이다. 다시 말해서 Hard는 심이 단단하다는 뜻이고 Hard Black은 심이 단단하고 검다는 뜻이다. 숫자가 높을수록 강도가 세다.

🎗 입소문(word of mouth)

영희가 어떤 음식점에 가서 음식을 먹었는데 음식이 너무 맛이 있었다. 그러면 그녀는 영미에게 "그 음식점의 음식이 맛있더라."라고 이야기 해준다. 그러면 영미는 다시 순이에게 그 음식점을 소개해 준다. 이것이 입소문이고 입소문을 영어로는 word of mouth 다시 말해서 "입의 말"이라 한다. 입소문을 한자로는 口傳(구전)이라고 한다.

🎗 낙동강의 로마자 표기

몇 년 전 지인이 편찮으셔서 K대 병원에 간 적이 있었다. 병원 화장실에 갔는데 화장실에 이런 말이 쓰여 있었다.

"버리는 물도 낙동강, 마시는 물도 낙똥강"

'낙동강'을 소리 나는 대로 읽으면 '낙똥강'이 된다. 우리가 무심히 강을 오염시키면 강은 다시 오염된 물이 되어 우리의 몸을 오염시킨다는 경고의 메시지였다. 낙동강을 로마자로 표기하면 어떻게 될까? 정답은 'Nakdonggang'일까? 아니다. 낙동강을 로마자로 표기할 때에는 'Nakttonggang'이 된다. 다시 말해서 로마자에서는 낙동강을 소리 나는 대로 표기한다.

❀ 공부란 세계 속의 집짓기이다.

고려대 대학원에서 한문학을 공부할 때 한문학과의 심경호 교수님께서 하신 말씀이다. "공부는 한 마디로 세계 속의 집짓기이다." 공부는 하나씩 하나씩 용어들을 재료 삼아 자신의 생각을 만드는 것이다.

속담 136 A piece of cake

영어로 '식은 죽 먹기'를 무엇이라 할까? 정답은 A piece of cake이다. 우리말로는 식은 죽 먹기, 땅 짚고 헤엄치기, 누워서 떡 먹기인데 난이도로는 누워서 떡 먹기가 난이도 상(上), 땅 짚고 헤엄치기가 난이도 중(中), 식은 죽 먹기는 난이도 하(下)이다. a piece of cake를 우리말로 번역하면 "그것은 케이크 한 조각이다."이다. 케이크 한 조각을 못 먹는 사람은 없다.

정리

A piece of cake
=식은 죽 먹기
=땅 짚고 헤엄치기
=누워서 떡 먹기

속담 137 Every Jack has his Jill.

"짚신도 짝이 있다."를 영어로 무엇이라고 할까? 정답은 "Every Jack has his Jill."이다. 영어 Jack은 우리말의 철수에 해당하고 Jill은 우리말의 영희에 해당한다. 따라서 이 문장을 번역하면 "모든 철수는 자신의 영희가 있다."는 뜻이다. 예전에 내가 초등학교에 다닐 때 국어책은 이렇게 시작했다. "철수야 놀자. 영희야 같이 가." 그만큼 철수와 영희는 남자와 여자를 가리키는 상징이었다. "짚신도 짝이 있다."를 영어로 "Every eye has its lid."라고 한다. 이를 우리말로 번역하면 "모든 눈은 그 자신의 눈꺼풀이 있다"이다. 눈에 눈꺼풀 없는 사람은 한 사람도 없다.

속담 138 Pie in the sky

'그림의 떡'을 영어로 무엇이라 할까? 영어로는 Pie in the sky 즉 하늘에 떠있는 파이(pie)이다. 하늘에 있는 파이는 먹을 수가 없다.

그림의 떡을 한자로는 '畫中之餠(화중지병)'이라고 한다.

> 정리
>
> '그림의 떡'을
> 한자로는 '畫中之餠(화중지병)'
> 영어로는 'Pie in the sky'

속담 139 Don't count your chickens before they are hatched.

"떡 줄 사람은 생각지도 않는데 김칫국부터 마신다."를 영어로 뭐라고 할까? 정답은? "Don't count your chickens before they are hatched."이다. 우리말로 직역하면 "병아리들이 부화되기 전에 병아리 숫자 세지 마라"이다. 'hatch'는 '부화시키다'의 뜻을 가지고 있다. 어떤 소녀가 계란 한판을 가지고 가면서 "계란이 커지면 병아리가 되고 병아리가 커지면 닭이 되고 닭을 팔면 돼지가 되고" 이런 상상을 하다가 계란이 깨졌다는 이야기가 있다. "김 칫국부터 마시지 마라."를 "Don't drink your Kimchi soup."라고 쓰면 우스운 영어가 된다. 같은 문장으로는 "Catch your bear before you sell its skin."이라고도 한다. 직역하면 "가죽을 팔기 전에 곰을 잡아라."이다.

속담 140 Charity begins at home.

"팔은 안으로 굽는다."를 영어로 무엇이라 할까? 정답은 "Charity begins at home." 이다. 직역하면 "자선은 집에서 시작된다."이다. 다시 말해 나와 가까운 사람을 먼저 돕는다는 뜻이다.

속담 141 It takes two to tango.

"손바닥도 마주쳐야 소리가 난다."를 영어로 무엇이라고 할까? 정답은 "It takes two to tango."이다. 우리말로 직역하면 "탱고 춤을 추려면 두 사람이 필요하다."이다. 혼자서 탱고 춤을 출 수 없다. "손바닥도 마주쳐야 소리가 난다."를 한자로는 '孤掌難鳴(고 장난명)'이라고 한다. 직역하면 "외로운 손바닥은 울지 않는다."이다. 손바닥 하나로는 아무리 쳐도 소리가 나지 않는다.

손바닥도 마주쳐야 소리가 난다.

=고장난명(孤掌難鳴)

=It takes two to tango.

속담 142 An empty vessel makes a big noise.

"빈 수레가 요란하다."를 영어로 어떻게 표현할까? 정답은 "An empty vessel makes a big noise."라고 한다. 우리말로 직역하면 "텅 빈 그릇은 큰 소리를 낸다."는 뜻이다. 그릇에 밥이 있을 때 그 안에 동전을 넣는 것과 그릇에 아무 것도 없을 때 동전을 넣는 것을 생각해 보라. 그릇에 밥이 없을 때 동전을 넣으면 쨍그랑 소리가 나지만 그릇에 밥이 있을 때 동전을 넣으면 소리가 나지 않는다. "빈 수레가 요란하다."를 한자로 '태산명동서일필(泰山鳴動鼠一匹)'이라고 한다. 직역하면 "태산이 크게 움직이는데 나오는 것은 쥐 한 마리뿐이다."라는 뜻이다. 산이 움직이면 엄청난 동물들이 나와야 하는데 쥐 한 마리밖에 나오지 않는다는 것이다.

빈 수레가 요란하다.

=태산명동서일필(泰山鳴動鼠一匹)

=An empty vessel makes a big noise.

제 5 장 하루 1분 영어

속담 143 Birds of a feather flock together.

'유유상종(類類相從)'을 영어로 무엇이라 할까? 정답은 "Birds of a feather flock together."이다. 직역하면 "깃털이 같은 새는 함께 모인다."이다. 초록은 동색, 가재는 게편도 같은 뜻이다. 영어 'of a'는 'of the same'과 같은 뜻이다.

> 정리
>
> 유유상종
> = 초록은 동색
> = 가재는 게 편
> = Birds of a feather flock together.

속담 144 Danger past, God forgotten.

"화장실 갈 때 다르고 올 때 다르다."를 영어로 무엇이라고 할까? 정답은 "Danger past, God forgotten."이다. 우리말로 직역하면 "위험이 지나면 신이 잊힌다."이다. 사람들은 자신이 힘들 때 신을 찾고 자신이 편안해지면 신을 잘 찾지 않는다. 우리의 신체는 화장실 가기 전에는 급하다가 화장실을 가고 온 후면 편안해진다. "화장실 갈 때 다르고 올 때 다르다."를 한자로는 '如厠二心(여측이심)'이라고 한다. 직역하면 '화장실과 같은 두 마음'이다. 즉, 화장실 갈 때와 올 때의 두 마음이다.

속담 145 Even Homer sometimes nods.

"원숭이도 나무에서 떨어진다."를 영어로 무엇이라 할까? 정답은 "Even Homer sometimes nods."이다. 직역하면 "호머조차도 가끔씩 존다." 즉 "호머조차도 가끔씩 졸면서 쓴 것 같은 졸작이 있다."는 뜻이다. 호머는 〈일리아드〉와 〈오디세이〉를 쓴 위대한 그리스의 역사가이다. 이렇게 위대한 작가도 졸작이 있다는 뜻이다. "원숭이도 나무에서 떨어진다."를 "Even a monkey falls from a tree."라고 하면 콩글리시가 된다. 전문가가 어떤 일을 하다가 실수할 때에도 이런 표현을 쓸 수 있다. 나무를 잘 타는 원숭이도 가끔씩 나무에서 떨어진다. 자신이 어떤 분야의 전문가라고 해도 누구나 실수할 수 있다.

속담 146 You've cried wolf too many times.

"네 말은 콩으로 메주를 쑨다고 해도 믿지 않는다."를 영어로 무엇이라고 할까? 정답은 "You've cried wolf too many times"

이다. 직역하면 "너는 늑대를 너무 많이 외쳤다"라는 뜻이다. 양치기 소년이 늑대가 나타났다고 여러 번 거짓말을 했다. 사람들이 가보니까 늑대는 나타나지 않았다. 그런데 진짜 늑대가 나타났는데도 사람들이 가지 않았다. 어떤 사람이 거짓말을 여러 번 하면 그 사람의 진심을 담은 말도 거짓이라고 느껴진다.

> **정리**
>
> 네 말은 콩으로 메주를 쑨다고 해도 믿지 않는다.
> = You've cried wolf too many times.

속담 147 Today is the day.

"가는 날이 장날이다."를 영어로 무엇이라고 할까? "Go day is the market day."가 아니다.

정답은 "Today is the day."이다. 직역하면 "오늘이 그 날이다."라는 뜻이다. 내가 몸이 아파서 병원에 가면 그날따라 예약 환자들이 많을 경우 이 표현을 쓸 수 있다.

> **정리**
>
> 가는 날이 장날이다.
> = Today is the day.

속담 148 You scratch my back and I'll scratch yours.

"가는 말이 고와야 오는 말이 곱다."를 영어로 무엇이라고 할까? 정답은 "You scratch my back and I'll scratch yours."이다. 직역하면 "당신이 나의 등을 긁으면 나는 당신의 등을 긁겠다."이다. 한국어는 말로 표현하고 영어는 긁는 것으로 표현한다는 것이 특이하다. "가는 말이 고와야 오는 말이 곱다."를 한자로 쓰면 '去言美 來言美(거언미 래언미)'이다.

> 정리
> 가는 말이 고와야 오는 말이 곱다.
> = 去言美 來言美(거언미 래언미)
> = You scratch my back and I'll scratch yours.

속담 149 Out of the frying pan into the fire

"갈수록 태산"을 영어로 무엇이라고 할까? "갈수록 태산"을 영어로 "Go go big mountain"이라고 하면 우스운 영어가 된다. 정답은 "Out of the frying pan into the fire"이다. 직역하면 "프라이팬에서 불로"이다. 프라이팬 위에서 요리하다가 잘못하면 화재가 발생할 수 있다. 일이 점점 커지는 것이 갈수록 태산이다.

갈수록 태산

= Out of the frying pan into the fire

속담 150 Too many cooks spoil the broth.

"사공이 많으면 배가 산으로 간다."를 영어로 무엇이라고 할까? 정답은 "Too many cooks spoil the broth."이다. 직역하면 "너무 많은 요리사들은 고깃국을 망친다."이다. 요리사가 많으면 서로 입맛이 제각각이기 때문에 음식 맛이 이상해진다.

사공이 많으면 배가 산으로 간다.

= Too many cooks spoil the broth.

속담 151 Two heads are better than one.

"백짓장도 맞들면 낫다."를 영어로 무엇이라고 할까? 정답은 "Two heads are better than one."이다. 직역하면 "두 개의 머리는 한 개의 머리보다 좋다."이다. A4 용지도 혼자 드는 것보다는 둘이서 드는 것이 낫다. 머리도 혼자보다 두 사람이 맞대고 생각하면 훨씬 일이 잘 진행될 수 있다.

속담 152 Talk of the devil and he is sure to appear.

"호랑이도 제 말하면 온다."를 영어로 무엇이라고 할까? 정답은 "Talk of the devil and he is sure to appear."이다. 직역하면 "악마에 관해 이야기하면 그는 반드시 나타난다."이다. 'be sure to' 는 '반드시 ~하다'라는 뜻이다. 동양에서 호랑이는 山君(산군)이고 무섭지만 영험한 존재가 대상인데 반하여 서양에서는 천사와 반대되는 개념으로서 악마가 등장한 것이 특징이다. 어떤 사람에 대해 이야기할 때 그 사람이 나타나면 이 표현을 쓴다.

속담 153 You cannot have an ice cream and eat it.

"두 마리의 토끼를 잡을 수 없다."를 영어로 무엇이라고 할까? 정답은 "You cannot have an ice cream and eat it."이다. 아이스크림을 먹으면서 동시에 가지고 있을 수는 없다. 경제학에 기회비용이라는 말이 있다. 기회비용이란 돈으로 하나를 사면 다른 것은 살 수 없는 것을 의미한다. 만 원으로 만 원짜리 영화를 보면서 동시에 만 원짜리 음식을 사먹을 수는 없다.

속담 154 Strike while the iron is hot.

"기회를 놓치지 마라."를 영어로 무엇이라고 할까? 정답은 "Strike while the iron is hot."이다. 직역하면 "철이 뜨거울 때

때려라."이다. 대장장이들이 철을 뜨거운 불에 달구어 철이 뜨거울 때 때리면 자신들이 원하는 모양을 만들 수 있다. 우리 속담 "쇠뿔도 단 김에 빼라."와 같은 뜻이다. "기회를 놓치지 마라."의 다른 표현으로 "Make hay while the sun shines."가 있다. 직역하면 "볕이 들 때 건초를 만들어라."이다. "기회를 놓치지 마라."의 또 다른 표현으로 "Seize the day."가 있다. 직역하면 "날을 잡아라."이다. 날을 잡는다는 것은 기회를 놓치지 않는 것이다.

속담 155 When in Rome, do as the Romans do.

"로마에 가면 로마법을 따르라."를 영어로 무엇이라고 할까? 정답은 "When in Rome, do as the Romans do."이다. 직역하면 "로마에 있으면, 로마인들이 하는 대로 해라."이다. 나라마다 그 지역의 문화와 법이 다르다. 인도에서는 손으로 밥을 먹고, 일본에서는 젓가락으로만 밥을 먹고 중국에서는 음식을 주문하면 음식들이 회전 테이블 위에 나와서 회전 테이블을 돌리면서 음식을 먹는다. 베트남에서는 오토바이와 차 그리고 사람들이 무질서한 것 같지만 질서 있게 움직인다. 어떤 나라에 가서 그 나라 사람들의 행동을 이해하는 것이야말로 그 나라의 문화를 이해하고 그 나라 사람들과 교감을 이루는 방법이다.

속담 156 A burnt child dreads the fire.

"자라 보고 놀란 가슴 솥뚜껑 보고 놀란다."를 영어로 무엇이라고 할까? 정답은 "A burnt child dreads the fire."이다. 직역하면 "불에 덴 아이는 불을 두려워한다."이다. 자라의 등과 솥뚜껑은 모양이 비슷하다. 그래서 자라를 보고 놀란 사람은 솥뚜껑을 보면 큰 자라의 등이라고 생각해서 놀라게 된다. 이 말의 의미는 놀란 경험은 언제까지나 잊히지 않는다는 뜻이다.

속담 157 A black hen lays a white egg.

"개천에서 용 났다."를 "From dog sky dragon 응애응애"라고 하면 콩글리시이다. "개천에서 용 났다."를 진짜 영어로 무엇이라고 할까? 정답은 "A black hen lays a white egg"이다. 직역하면 "검은 암탉이 흰 알을 낳는다."이다. 검은 암탉이 흰 알을 낳을 수 없는 것처럼 개천에서는 용이 나올 수가 없다. 예전에는 개천에서 용 났지만 요즘은 아파트 단지에서 용 난다.

속담 158 Appearances are deceptive.

"열 길 물속은 알아도 한 길 사람 속은 모른다."를 영어로 무엇이라고 할까? 정답은 "Appearances are deceptive."이다. 직역하면 "겉모습은 속일 수 있다."이다. 물의 깊이는 눈에 보이므로 파악 가능하지만 사람의 마음은 겉과 속이 다르다는 의미이다. 겉으로는 웃고 있지만 속으로는 울 수도 있고 겉으로는 울고 있지만 속으로는 웃을 수도 있다. "열 길 물속은 알아도 한 길 사람 속은 모른다."를 한자로는 '水深可測 人心難測(수심가측 인심난측)'이라고 한다.

속담 159 A friend in need is a friend indeed.

"어려울 때 친구가 진정한 친구이다"를 영어로 무엇이라고 할까? 정답은 "A friend in need is a friend indeed."이다. 우리말은 '어려울 때'와 '진정한'은 운율이 맞지 않지만 영어는 'in need'와 'indeed'가 운율이 잘 맞는다. 진정한 친구는 자신이 어려워질 때 알게 된다. 내가 힘들 때 나를 도와주는 친구가 진정한 친구이다. '친구(親舊)'란 '옛날부터 친한 사이'라는 뜻이다. 어려울 때의 친구를 한자로 '급난지붕(急難之朋)'이라고 한다. 모두 급난지붕이 되기 바란다.

속담 160 A stitch in time saves nine.

"호미로 막을 데 가래로 막는다."를 영어로 무엇이라고 할까? 정답은 "A stitch in time saves nine."이다. 직역하면 "제 때의 바늘 한 땀은 아홉 번의 바늘을 구한다."이다. 옷에서 실밥이 약간 풀렸을 때 바느질을 하면 잘 꿰매어 지는데 실밥이 많이 풀렸을 때 바느질을 하면 바늘이 잘 꿰매어지지 않는다. 그래서 "A stitch in time saves nine."과 같은 우리말 속담은 "호미로 막을데 가래로 막는다."이다. 작은 노력으로 해결할 수 있는데 놔두면 해결하기가 쉽지 않다는 의미이다.

속담 161 A drowning man will catch at a straw.

"물에 빠진 사람은 지푸라기라도 잡는다."를 영어로 무엇이라고 할까? 정답은 "A drowning man will catch at a straw."이다. 'a drowning man'은 물에 빠져서 허우적거리는 사람이고 'a drowned man'은 익사한 사람이다. 'will'은 '~하는 경향이 있다'라는 뜻이다.

전공에 따라 물에 빠진 사람을 구하는 방법이 다르다.

교육학 전공자는 물에 빠진 사람에게 밖에서 수영하는 방법을 가르친다.

신학 전공자는 강이 두 갈래로 갈라질 때까지 기도한다.

식품영양학 전공자는 강에 물 먹는 하마를 집어넣는다.

화학 전공자는 강에 소금을 넣어 물에 빠진 사람이 물 위로 뜰 때 구한다.

화학과 대학원생은 강을 전기 분해해서 수소와 산소로 나누어지면 사람을 구한다.

영어 'straw'는 '빨대'라는 뜻과 '지푸라기'라는 뜻을 동시에 가지고 있다.

속담 162 Shrouds have no pockets.

"Shrouds have no pockets." 이 문장의 뜻은 우리말로 무엇이라고 할까? 직역하면 "수의는 주머니가 없다."이다. 수의는 사람이 죽을 때 입는 옷이다. 죽고 나면 돈을 넣을 주머니가 필요 없다. "수의는 주머니가 없다."를 의역하면 '空手來 空手去(공수래 공수거)' 즉, "빈손으로 왔다 빈손으로 간다."이다. 사람은 이 세상에 태어날 때 아무 것도 가지지 않고 태어난다. 김국환의 노래 〈타타타〉에 이런 가사가 있다. "알몸으로 태어나서 옷 한 벌은 건졌잖소." 사람은 태어날 때에는 주먹을 쥐고 태어나고 죽을 때에는 손을 펴고 죽는다. 공수래 공수거라고 하지만 마음을 비우고 살기는 쉽지 않다.

속담 163 Seeing is believing.

'백문(百聞)이 불여일견(不如一見)'이라는 말은 백 번 듣는 것이 한 번 보는 것만 못하다는 뜻이다. '백문이 불여일견이다'를 영어로 무엇이라고 할까? ① "Seeing is believing."이다. 직역하면 "보는 것은 믿는 것이다."이다. 독도가 우리의 땅이라고 듣는 것보다 실제로 독도에 가서 독도가 우리의 땅이라는 것을 온 몸으로 느끼는 것이 더 중요하다. ② "A picture is worth a thousand words."이다. 직역하면 "그림 한 장이 천 마디의 말보다 더 가치가 있다."이다. 아무리 많은 말도 그림 한 장으로 다 표현되는 법이다.

속담 164 An eye for an eye

'눈에는 눈'을 영어로 무엇이라고 할까? 정답은 'An eye for an eye'이다. '눈에는 눈'이란 A가 B에게 상해를 입었으면 B도 A에게 상해를 입혀야 한다는 것이다. 기원전 바빌로니아의 돌비석에 새겨진 함무라비 법전이나 고조선의 8조법은 모두 '눈에는 눈' 법이다. 함무라비 법전은 피해자의 신분에 따라 가해자의 처벌이 달라지기는 하지만 대체로 해를 입힌 만큼 돌려주는 처벌이다.

속담 165 Nothing is complete unless you put it in final shape.

"구슬이 서 말이라도 꿰어야 보배"를 영어로 무엇이라고 할까? 정답은 "Nothing is complete unless you put it in final shape."이다. 직역하면 "당신이 그것을 최종적인 형태로 놓지 않으면 어떤 것도 완전한 것이 아니다."이다. 구슬이 서 말이라도 꿰지 않으면 단지 구슬에 불과하다. 진주 목걸이도 여러 개의 진주들이 끈으로 꿰어져야만 멋진 진주 목걸이로 탄생한다.

속담 166 The grass is always greener on the other side of the fence.

"남의 떡이 커 보인다."를 영어로 무엇이라고 할까? 정답은 "The grass is always greener on the other side of the fence."이다. 직역하면 "다른 쪽 울타리의 풀이 언제나 더 녹색이다."이다. 이쪽 울타리와 저쪽 울타리의 풀이 똑같이 녹색인데 이쪽 울타리에서 저쪽 울타리를 보는 사람은 저쪽 울타리의 풀이 더 녹색이라고 생각한다. 풀의 색은 똑같이 녹색인데도 말이다.

𝔅 live를 알면 장자가 보인다.

順天者存 逆天者亡(순천자존 역천자망)이라는 고사성어가 있다. "하늘의 이치를 따르는 사람은 살고 하늘의 이치를 거스르는 사람은 망한다."라는 뜻이다. 나는 'live'라는 영어 단어를 공부하면서 이런 생각을 했다. 'live'를 그대로 쓰면 살다는 뜻인데 'live'를 거꾸로 쓰면 'evil'이 된다. 'evil'은 악이라는 뜻이다. 'evil'은 'live'를 거꾸로 쓴 글자이기 때문에 삶에 역행하는 것이다. 모든 것은 순리를 따라야 하는 것이다. 장자는 학의 다리가 길다고 자르지 말라고 말했다. 학의 다리가 긴 것은 자연의 이치이다. 학의 다리가 길다고 학의 다리를 잘라서 오리의 다리를 붙여주면 오리(五里)도 못 가서 발병난다. 또 뱀의 다리가 없다고 뱀에게 오리의 다리를 붙여주면 뱀은 그 자리에서 뱅뱅 돌게 된다. 엉뚱하지만 이렇게 공부하는 것도 공부의 즐거움이다.

𝔅 리더는 어떤 사람인가?

leader를 어떻게 공부하면 이해가 쉬울까? 리더의 'l'은 'listen' 즉, 리더가 되려면 다른 사람의 말을 잘 들으려는 마음가짐을 가지고 상대방의 말에 귀를 기울일 줄 알아야 한다.

'e'는 'explain' 즉, 리더는 상대가 납득할 수 있도록 설명하려는 마음을 가져야 한다.

'a'는 'assist' 즉, 리더는 상대방을 도우려는 마음가짐을 가져야 한다.

'd'는 'discuss' 즉, 리더는 상대방과 대화하고 토론하려는 마음가짐을 가져야 한다.

'e'는 'evaluate' 즉, 리더는 상대방을 정확히 평가하는 마음가짐을 가져야 한다.

'r'은 'respond' 즉, 리더는 언제든지 상대방에 대응할 수 있는 마음가짐을 가져야 한다.

"酒香百里, 花香千里, 人香萬里(주향백리, 화향천리, 인향만리)"라는 말이 있다. "술의 향기는 백 리를 가고, 꽃의 향기는 천 리를 가고, 사람의 향기는 만 리를 간다"라는 뜻이다. 만 리까지 사람의 향기를 풍기는 리더야말로 멋진 리더라고 생각한다.

❀ 신데렐라의 유리구두

원래 신데렐라가 신은 구두는 유리 구두가 아니라 가죽신이었다. 우리가 알고 있는 동화 「신데렐라」는 1679년 프랑스의 작가인 '샤를 페로(Charles Perrault)'가 지었다. 「신데렐라」는 샤를 페로가 동화집을 정리한 단편집에 실려 있었다. '가죽신(pantoufle de vair)'을 의미하는 프랑스어를 영어로 번역하면서 'verre(유리)'와 'vair(가죽)'이 혼동되어 가죽신이 유리구두로 변했고 유리 구두의 이미지가 너무 아름다워 후에 재출간된 프랑스어 원작까지도 가죽신을 유리 구두로 고쳤다.

❀ 나의 살던 고향은 꽃 피는 산골?

〈고향의 봄〉이 있다. 이 노래는 이렇게 시작된다.

"나의 살던 고향은 꽃 피는 산골"

그런데 이 노래는 문법적으로 맞지 않다. '의'라는 조사는 중국어 '的(더)', 일본어 'の(노)' 와 같이 다음에 반드시 명사가 와야 한다. 그래서 이 노래는 문법적으로 보면 "내가 살던 고향은 꽃 피는 산골" 또는 "나의 고향은 꽃 피는 산골"이 되어야 한다. 그런데 일본어 'の'는 명사 앞에서 명사를 수식하기도 하지만 주어의 역할을 하기도 한다. 그렇게 일본어의 영향을 받아서 "나의 살던 고향은 꽃 피는 산골"이라는 표현이 나온 것이다.

우리나라 최초의 신소설로 평가받는 작품은 이인직의 〈혈의누〉이다.

이 제목도 일본어의 영향이다. '혈의누'란 '피눈물'이라는 뜻이다. '혈의 누'는 혈루(血淚)가 맞다. 혈의누는 일본식 표현이다. 일본어에서는 명사와 명사가 나오면 그 사이에 'の'를 넣는 것이 원칙이다. 그래서 우리는 일본어 선생님이라고 하면 되지만 일본어에서는 日本語라는 단어와 先生이라는 단어 사이에 반드시 'の'라는 단어를 넣어야 한다. 따라서 '日本語の先生'(니혼고노센세)를 우리말로 해석할 때에는 일본어의 선생님이 아니고 '일본어 선생님'이 된다.

☯ 재미가 아니라 자미다

'재미'란 우리말이 아니다. '재미'란 원래 한자 '滋味(자미)'에서 나온 말이다. '자미'란 '맛이 풍부하다'라는 의미를 가진 한자어이다. '자미'라는 단어가 '이모음 역행동화'에 의해서 재미라는 단어로 바뀐 것이다. 이모음 역행동화의 예를 들어보자. '남비'를 '냄비'라고도 발음하고, '지팡이'를 '지팽이'라고도 발음하는 것이 이모음 역행동화의 예이다. '학교'를 '핵교'로 발음하는 것도 이모음 역행동화의 예이다. 그럼 학교와 핵교의 차이는 무엇일까? 학교는 다니는 곳이고 핵교는 댕기는 곳이다.

☯ 안주 일체와 안주 일절

'안주 일체'와 '안주 일절'이 있다. 어떤 말이 맞을까? 정답은 '안주 일체'이다. '안주 일체'란 "안주가 여러 가지가 있다"는 뜻이고 '안주 일절'은 안주가 하나도 없다는 뜻이다. 그런데 길을 가다 보면 '안주 일절'이라고 쓰인 술집이 보인다. 한자 '切'이 긍정의 의미를 나타낼 때에는 '체'라는 단어로 쓰이고 부정의 의미를 나타낼 때에는 '절'이라는 단어로 쓰인다. 따라서 '안주 일체'라고 쓰여야 맞는 표현이다.

속담 167 **One swallow does not make a summer.**

"One swallow does not make a summer." 이 문장을 우리 말로 무엇이라고 할까? 정답은 "속단하지 마라."이다. 직역하면 "제비 한 마리가 여름을 만들지 않는다."이다. 제비 한 마리가 실수로 왔다고 해서 여름이 되지는 않는다. 이 말은 아리스토텔레스가 『니코마코스 윤리학』에서 한 말이다. 그는 제비 한 마리가 온다고 해서 여름이 온 것이 아닌 것처럼 짧은 순간의 행복이 한 사람을 전적으로 행복하게 만들지는 않는다고 이야기했다. 비슷한 속담으로 "장님 코끼리 만지기"가 있다. 장님이 코끼리를 만지면 코끼리의 형체가 너무 크기 때문에 어떤 동물인지 파악하기 어렵다는 뜻이다.

속담 168 **Walls have ears.**

"낮말은 새가 듣고 밤 말은 쥐가 듣는다."를 영어로 무엇이라고 할까? 정답은 "Walls have ears."이다. 직역하면 "벽에도 귀가 있다."이다. 사람들이 어떤 비밀 이야기를 할 때 그 이야기를 그 자리에 없었던 다른 사람들도 알게 될 때 이런 표현을 쓴다.

속담 169 **The ends justify the means.**

"모로 가도 서울만 가면 된다."를 영어로 무엇이라고 할까? 정답은 "The ends justify the means."이다. 직역하면 "목적은 수단을 정당화한다."이다. 'end'는 끝이라는 뜻이고 'ends'는 목적이라는 뜻이다. 콜럼버스에게 달걀을 세울 수 있느냐고 물으니까 콜럼버스는 달걀의 밑동을 깨뜨려서 달걀을 세웠다. 다른 사람들이 그렇게 달걀을 세우면 안 된다고 하니까 콜럼버스는 어쨌든 세우면 된다고 이야기한다. 이렇게 목적은 수단을 정당화한다.

속담 170 It is an old cow's notion that she never was a calf.

"개구리 올챙이 적 생각 못 한다."를 영어로 무엇이라고 할까? 정답은 "It is an old cow's notion that she never was a calf."이다. 직역하면 "암소가 송아지였던 적을 생각 못 한다."이다. "개구리 올챙이 적 생각 못 한다."라는 말의 또 다른 표현으로 "Hard times are soon forgotten."이 있다. 이 말은 "어려운 시절은 곧 잊혀진다."이다. "개구리 올챙이 적 생각 못 한다."라는 말은 "형편이나 사정이 전에 비하여 나아진 사람이 지난날의 미천하거나 어렵던 때의 일을 생각지 아니하고 처음부터 잘난 듯이 뽐냄"을 비유적으로 이르는 말이다.

속담 171 Sometimes it is difficult to get something very common for emergency use.

"개똥도 약에 쓰려면 없다."를 영어로 무엇이라고 할까? 정답은 "Sometimes it is difficult to get something very common for emergency use."이다. 직역하면 "때때로 비상용으로 매우 일상적인 어떤 것을 얻기는 어렵다."이다. "개똥도 약에 쓰려면 없다."는 "평소에 쓸모없던 것들이 꼭 필요할 때면 없다."라는 뜻을 가지고 있다.

속담 172 Heavy work in youth is quite rest in old age.

"젊어서 고생은 사서도 한다."를 영어로 무엇이라고 할까? 정답은 "Heavy work in youth is quite rest in old age"이다. 직역하면 "젊었을 때 힘든 일은 늙었을 때 확실한 안락이다."이다. 젊었을 때 고생을 해봐야만 돈의 소중함을 알게 되고 돈을 열심히 모아서 노후에 편안해진다는 의미이다.

속담 173 To seek hot water under cold ice

"우물 가서 숭늉 찾기"라는 말은 "성미가 급하여 일의 절차도 무시하고 터무니없이 재촉하거나 서두름"을 비유적으로 이르는 말이다. 그럼 "우물 가서 숭늉 찾는다."를 영어로 무엇이라고 할까? 정답은 "To seek hot water under cold ice"이다. 직역하면 "차가운 얼음 아래에서 뜨거운 물 찾기"이다. "우물 가서 숭늉 찾기"를 한자로는 "待曉月, 坐黃昏(대효월, 좌황혼)"이라고 한다. 이 말의 뜻은 "새벽달을 기다리려고 초저녁부터 앉아있다."이다.

속담 174 Face the music

'울며 겨자 먹기'를 영어로 무엇이라고 할까? 정답은 'Face the music'이다. 직역하면 '음악에 직면하기'이다. 'To cry and eat mustard'라고 쓰면 콩글리시이다. 누구나 눈물까지 흘리며 톡 쏘는 맛을 내는 겨자를 먹어본 적이 있을 것이다. 우리는 생선회나 냉면을 먹을 때 겨자나 겨자가 들어간 음식을 먹게 된다. '울며 겨자 먹기'란 "하기 괴로운 일을 별 수 없이 억지로 하다"라는 의미를 가지고 있다. 'Face the music'은 직역하면 '음악에 직면하기'라는 뜻으로 '어쩔 수 없이 하다', '용감하게 난국을 맞다'의 뜻을 가지고 있다. 행사 때 음악을 연주하는 사람이 시끄러운 소리가 나지만 웃는 얼굴로 다른 사람들에게 음악을 틀어주어야 하는 데서 유래했다.

속담 175 So much for all our plans

"닭 쫓던 개 지붕 쳐다본다."를 영어로 무엇이라고 할까? 정답
은 "So much for all our plans"이다. 직역하면 "우리의 계획들에
비해 너무 많이"이다. "닭 쫓던 개 지붕 쳐다본다."라는 말은 "예
상하지 못했던 이변으로 준비된 모든 계획들이 아무런 성과도 없
게 되어 허탈하게 될 때" 쓰이는 표현이다.

속담 176 Hunger makes you do that.

"목구멍이 포도청"이라는 말의 유래는 다음과 같다. '목구멍'은
욕구를 의미하고 '포도청'은 자유에 대한 구속을 의미한다. 목구
멍으로 음식을 삼키기 위해 도둑질을 하게 되고 그 때문에 포도
청에 가게 된다는 것이다. 즉, 배고픔이 포도청에 가게 되는 것만
큼 무섭다는 뜻이다. 그러면 "목구멍이 포도청"을 영어로 무엇이
라고 할까? 정답은 "Hunger makes you do that."이다. 직역하면
"배고픔은 네가 저것을 하게 만든다."이다. 배가 고프면 구속될
일도 하게 된다는 의미이다.

속담 177 Little kids get hurt when big kids fight.

"고래 싸움에 새우 등 터진다."를 영어로 무엇이라고 할까? 정
답은 "Little kids get hurt when big kids fight."이다. 직역하

면 "큰 아이들이 싸울 때 작은 아이들이 상처 입는다."이다. "고래 싸움에 새우 등 터진다."를 "A shrimp's back bursts in whales' fight."라고 하면 콩글리시이다. "고래 싸움에 새우 등 터진다."라 는 말은 "강한 자들이 싸우는 사이에 이와는 아무런 연관도 없 는 약한 자들이 중간에 끼어 피해를 입게 된다."는 의미이다.

속담 178 Like a bolt out of the blue

"아닌 밤중에 홍두깨"를 영어로 무엇이라고 할까? 정답은 "Like a bolt out of the blue"이다. 직역하면 "푸른 하늘로부터 번개처럼"이다. "마른하늘에 날벼락"도 같은 표현이다. 홍두깨란 "빨래한 옷감을 감아서 다듬잇돌 위에 얹어놓고 반드럽게 다듬 는 단단한 나무로 만든 방망이"를 말한다. "아닌 밤중에 홍두깨" 란 전혀 예기치 않은 일이 발생할 때 쓰는 표현이다.

속담 179 Marital disputes never last long.

"부부 싸움은 칼로 물 베기"를 영어로 무엇이라고 할까? 정답 은 "Marital disputes never last long."이다. 직역하면 "결혼에서 의 분쟁들은 결코 오래 지속되지 않는다."이다. 부부싸움은 사소 한 것에서 시작된다. 치약을 밑에서부터 짜야 하는데 중간에서부 터 짠다거나 분위기 있는 음식점에서 빨리 밥을 먹는다거나 등이 그것이다. 부부 싸움은 그리 오래 지속되지 않는다. 하나의 싸움이 끝나면 또 다른 싸움이 시작되지만 그 싸움은 오래 가지 않는다.

속담 180 A soft answer turns away wrath.

"말 한마디에 천 냥 빚을 갚는다."를 영어로 무엇이라고 할까?

"A soft answer turns away wrath."이다. 직역하면 "부드러운 대답은 분노를 물리친다."이다. 말만 잘해도 어려운 일들을 해결할 수 있다. 그래서 "말 한마디에 천 냥 빚을 갚는다."라는 뜻을 가진 다른 표현으로 "Good words enable you to solve the difficulties."가 있다. 직역하면 "좋은 말들은 네가 어려움들을 해결하는 것을 가능하게 한다."이다.

속담 181 Other things being equal, choose the better one.

"이왕이면 다홍치마"는 영어로 무엇일까?

정답은 "Other things being equal, choose the better one."이다. 이 문장은 "If other things are equal, choose the better one."이라는 문장을 분사구문으로 바꾼 표현이다. '분사구문'이란 '부사절을 ~ing 형태로 바꾼 표현'이다. 직역하면 "다른 것들

이 동등하면, 더 좋은 것을 선택하라."이다. '이왕이면 다홍치마'를 한자로 하면 '同價紅裳(동가홍상)'이다. "같은 값이면 붉은 치마"라는 뜻이다. "이왕이면 다홍치마"의 뜻은 '주위의 여럿 중에서 모양이나 보기에 좋은 것을 선택하는 것'이다. 회사에서 직원을 뽑을 때에도 이왕이면 더 유능하고 장래가 총망 되는 사람을 뽑는다. 이것이 바로 '이왕이면 다홍치마'이다.

속담 182 All things in their being are good for something.

"굼벵이도 구르는 재주가 있다."를 영어로 무엇이라고 할까?

정답은 "All things in their being are good for something."이다. 직역하면 "그들의 존재에 있어서 모든 것들은 무언가에 대해서는 좋다."이다. "굼벵이도 구르는 재주가 있다."라는 말의 의미는 쓸모 없는 사람이라도 재주는 하나를 가지고 있다는 뜻이다. 예를 들면 공부도 못하고 말썽꾸러기인데 어느 날 전국 노래자랑에 나가서 1등을 수상할 때 쓰는 말이다. "굼벵이도 구르는 재주가 있다."를 "A larva has a talent to roll."이라고 영작하면 콩글리시이다.

격언 183 **The owl thinks her own young fairest.**

"고슴도치도 제 새끼는 예뻐한다."를 영어로 무엇이라고 할까?

정답은 "The owl thinks her own young fairest."이다. 직역하면 "올빼미는 자기 새끼를 가장 아름답다고 생각한다."이다. 이 말의 의미는 아무리 못생긴 미물도 자기가 낳은 새끼는 예뻐한다는 뜻이다. 이 세상에 자신이 낳은 자식을 싫어하는 부모는 없다. 부모님의 자식에 대한 사랑은 아무리 퍼도 마르지 않는 샘물이다.

속담 184 **Are you adding fuel to the fire?**

"불난 집에 부채질합니까?"를 영어로 무엇이라고 할까?

정답은 "Are you adding fuel to the fire?"이다. 직역하면 "당신은 불에 연료를 첨가하고 있습니까?"이다. 불에 연료를 첨가하면 불이 더 잘 탄다. 이 속담은 남의 재앙을 더욱 더 커지게 하는 것을 비유적으로 이르는 말이다. "불난 집에 부채질합니까?"를 의미하는 다른 표현들이다.

① Are you adding oil to the fire?당신은 불에 기름을 첨가하고 있습니까?

② Are you fanning a house that is on fire?당신은 불타고 있는 집에 부채질하고 있습니까?

③ Are you making an angry person even angrier?당신은 화가 난 사람을 더욱 화나게 하고 있습니까?

"불난 집에 부채질 한다."를 한자로는 '火上添油'(화상첨유)라고 한다. 해석하면 "불 위에 기름 첨가하기"이다.

속담 185 As if on a fence

'구렁이 담 넘어가듯'을 영어로 무엇이라고 할까? 정답은 'As if on a fence'이다. 직역하면 '마치 울타리에 있는 것처럼'이라는 뜻이다. 영어에서 'as if'는 '마치 ~처럼'이라는 뜻을 가지고 있다. '구렁이 담 넘어가듯'을 'As if a snake passed a fence'라고 영작하면 콩글리시이다. 이 속담은 이행해야 할 의무나 약속을 무시한 채 그 순간만 위기를 모면하려고 하는 사람을 이야기할 때 쓰는 표현이다.

속담 186 Talent above talent

"뛰는 놈 위에 나는 놈 있다."를 영어로 무엇이라고 할까? 정답은 "Talent above talent"이다. 직역하면 "재능 위에 재능"이다. "뛰는 놈 위에 나는 놈 있다."라는 말의 의미는 자신이 뛰어나다고 생각했는데 자신보다도 더 뛰어난 사람이 존재한다는 것을 의미한다. 우리말 속담보다 영어 속담이 훨씬 더 명확한 뜻을 의미하고 있다. "뛰는 놈 위에 나는 놈 있다."를 한자로는 '天外有天'(천외유천)이라고 한다. "하늘 밖에 하늘이 있다."라는 뜻이다. 하늘이 하나밖에 없다고 생각했는데 하늘을 벗어나니 또 다른 하늘이 존재한다는 의미이다.

속담 187 A blind man may sometimes catch the hare.

"소경 문고리 잡기"를 영어로 무엇이라고 할까?

정답은 "A blind man may sometimes catch the hare."이다. 직역하면 "눈이 먼 사람도 때때로 산토끼를 잡을 수 있다."이다. 집토끼는 rabbit이라고 하고 산토끼는 hare라고 한다. "소경 문고리 잡기"의 뜻은 아주 어려운 일을 의미한다.

속담 188 Begging for a compliment

'엎드려 절 받기'를 영어로 무엇이라고 할까? 정답은 'Begging for a compliment'이다. 직역하면 '칭찬을 위해 간청하기'이다. '옆구리 찔러 절 받기'는 상대방은 생각하지도 않았는데 자기 스스로 요구하여 대접을 받는 경우를 비유적으로 이르는 말이다. 옆구리 찔러 절 받기를 한자로 하면 '按頭受拜(안두수배)'이다. 직역하면 '머리를 눌러서 절 받기'이다. 엎드려 절 받기를 'Lying face down and receiving a bow'라고 쓰면 콩글리시이다. 나 스스로 나를 훌륭하다고 사람들에게 인정받고자 하기보다는 사람들이 나를 훌륭하다고 인정하는 것이야말로 진정한 의미의 멋이다.

속담 189 Can't get blood from a turnip.

"벼룩의 간을 빼먹다."를 영어로 무엇이라고 할까?

정답은 "Can't get blood from a turnip."이다. 직역하면 "순무로부터 피를 얻을 수는 없다."이다. 벼룩은 너무 작아서 현미경으로만 볼 수 있다. 순무는 동물처럼 피가 흐르지 않는 식물이다. "벼룩의 간을 빼먹다."라는 말의 뜻은 조그만 이익이라도 치사한 수단을 써서라도 챙기는 경우를 의미한다.

속담 190 Many drops make a shower.

'티끌 모아 태산'을 영어로는 무엇이라고 할까?

"Many drops make a shower."이다. 많은 빗방울들이 소나기를 만든다는 뜻이다. "Many a little makes a mickle."은 조금씩 많이 하면 많은 것을 만든다는 뜻이다. "Drop by drop fills the tub."이라는 표현은 한 방울 한 방울은 통을 채운다는 뜻이다. 적은 돈도 모이면 큰 돈이 된다. 티끌 모아 태산을 한자로는 '진합태산(塵合泰山)'이라고 한다. '塵(진)'은 '티끌'이라는 뜻이고 '合(합)'

은 '합하다'라는 뜻이고 '泰山(태산)'은 '큰 산'이라는 뜻이다. 작은 물건도 하나 둘 모이면 큰 것이 된다는 뜻이다.

속담 191 Look before you leap.

"돌다리도 두드려 보고 건너라."를 영어로 뭐라고 할까? 정답은 "Look before you leap."이다. 뛰기 전에 잘 살피라는 뜻이다. 우리가 횡단보도를 건널 때 신호등의 색이 녹색일지라도 주위를 잘 보고 건너는 것이 대표적인 예이다. "돌다리도 두드려 보고 건너라."를 한자로는 有備無患(유비무환)이라고 한다. 갖춤이 있으면 근심이 없다는 뜻이다.

속담 192 To teach a fish how to swim

"공자 앞에서 문자 쓴다."를 영어로 무엇이라 할까? 정답은 "To teach a fish how to swim"이다. 우리말로 번역하면 "물고기에게 수영하는 방법 가르치기"이다. 물고기는 자유형, 평형, 접영 등 못하는 수영이 없다. "공자 앞에서 문자 쓴다."를 영작하라고 했는데 "Before Confucius, to write a letter"라고 영작하면 콩글리시(broken English)이다.

속담 193 Killing two birds with one stone

"Killing two birds with one stone" 이 말을 우리말로 번역하면 '일석이조(一石二鳥)'이다. 돌멩이 하나로 두 마리의 새를 잡는다는 뜻이다. 재미있는 것은 일석이조와 같은 뜻으로 쓰이는 표현들이 아주 많다는 사실이다. 일석이조와 같은 뜻으로 쓰이는 표현들을 정리해 보면 다음과 같다.

=꿩 먹고 알 먹고

=도랑 치고 가재 잡고

=누이 좋고 매부 좋고

=굿도 보고 떡도 먹고

=마당 쓸고 동전 줍고

=임도 보고 뽕도 따고

=일거양득(一擧兩得): 하나를 들어서 둘을 얻는다는 뜻이다.

격언 194 Everybody's business is nobody's business.

'공동 책임은 무책임'을 영어로 무엇이라고 할까? 정답은 "Everybody's business is nobody's business."이다. 직역하면 "모든 사람의 일은 누구의 일도 아니다."이다. 아프리카의 한 추장이 부족원들에게 자신의 생일에 포도주 한 병씩 가져와서 자신의 집에 있는 항아리에 넣으라고 했다. 추장의 생일날 부족원들은 병에 포도주를 담아서 항아리에 부었다. 추장은 항아리의 뚜껑을 열고 깜짝 놀랐다. 항아리 속에는 포도주는 없고 물만 있는 것이었다. 부족원들은 "다들 포도주 가져오는데 나 한 사람쯤이야 물을 가져와도 희석되니까 괜찮겠지!" 라고 생각한 것이다. 공동의 일도 자신의 일처럼 노력하는 태도야말로 진정한 민주시민의 태도이다.

격언 195 A good medicine tastes bitter.

"A good medicine tastes bitter."를 우리말로 무엇이라고 할까? 정답은 "좋은 약은 입에 쓰다."이다. '뱉어'와 영어 'bitter'는 발음이 비슷하다. 한문에도 "良藥 苦於口 而利於病(양약 고어구 이리어병)"이라는 말이 있다. 해석하면 "좋은 약은 입에 쓰지만 병에는 이롭다."라는 뜻이다. 약을 영어로 'medicine'이라고 하는데 명상을 뜻하는 'meditation'과 어원이 같다. 명상도 일종의 정신적 약이다.

격언 196 The pen is mightier than the sword.

"문(文)은 무(武)보다 강하다."를 영어로 무엇이라고 할까? 정답은 "The pen is mightier than the sword."이다. 'a pen' 은 '하나

의 펜'을 뜻해서 보통 명사이지만, 'the pen'은 '문'이라는 추상명사가 된다. 일명 '추상명사의 보통명사화'이다. 'a sword'는 '칼'을 뜻해서 보통명사이지만 'the sword'는 '무'를 나타내는 추상명사이다. 글은 사람을 감동시키는 힘을 가지고 있다. 역사에서 보면 서희는 세 치 혀를 잘 움직여서 강동 6주를 얻는다. 문(文)은 외교(diplomacy)와도 연관이 된다.

격언 197 The cobbler's children go barefoot.

"대장간에 식칼이 없다."를 영어로 무엇이라고 할까? 정답은 "The cobbler's children go barefoot."이다. 직역하면 "구두 수선공의 아이들은 맨발로 간다."이다. 이 표현은 마땅히 있어야 할 곳에 있을 것이 없을 때 쓰는 표현이다. 식칼이 많이 있어야 할 대장간에 정작 있어야 할 식칼이 없는 것처럼, 구두 수선공의 집에는 신발이 많아야 하는데 정작 아이들은 맨발로 다닌다는 의미이다.

격언 198 Beggars can't be choosers.

"찬 밥 더운 밥 안 가린다."를 영어로 무엇이라고 할까? 정답은 "Beggars can't be choosers."이다. 직역하면 "거지들은 고르는 사람이 될 수 없어."이다. 받는 입장에서는 받는 자신의 마음보다는 상대방의 마음에 따라야 한다. 다시 말하면 주는 사람 마음이라는 뜻이다.

격언 199 There is no rule but has some exceptions.

"예외 없는 규칙은 없다."를 영어로 무엇이라고 할까? 정답은 "There is no rule but has some exceptions."이다. 직역하면 "몇몇 예외들을 가지지 않은 규칙은 없다."이다. 이 문장에서 'but'은 'that~not' 즉 '~하지 않는'의 뜻을 가진다. 영어 문법을 공부할 때의 어려운 점 중의 하나가 바로 예외가 많다는 것이다.

∽ 보이콧(boycott)

'불매 운동'을 의미하는 보이콧(boycott)의 뜻은 무엇일까? 'boycott'은 아일랜드의 지주 대리인인 'Boycott'이란 사람의 이름에서 나온 말이다. 그는 아주 고약한 악덕 대리인이었기 때문에 농민들의 배척을 받았을 뿐 아니라, 동업자들도 그와는 절대로 거래를 하지 않았다. 여기에서 유래되어 어떤 물건이나 단체에 대해 대대적으로 거래를 끊는 것을 '보이콧한다'는 말이 되었다. 오늘날에는 불매 운동이라는 본래의 뜻과는 달리, 세력가나 국가에 제재를 가하기 위해 대규모로 배척하는 것을 가리킨다.

∽ 'recreation'과 're-creation'

'recreation'과 're-creation' 이 두 단어의 차이는 무엇일까? 정답은 '오락'과 '재창조'이다. 두 단어는 얼핏 보면 뜻이 다른 것 같지만 자세히 보면 뜻이 같다. 오락을 즐기며 비워야 채워져서 재창조가 된다.

∽ 옥의 티(A fly in the ointment)

'옥의 티'를 영어로 무엇이라고 할까? 정답은 'A fly in the ointment'이다. 직역하면 연고 속의 파리다. 연고 속에 파리가 있으면 옥의 티다.

∽ 영단어 재미있게 외우는 방법

1. issue: 문제 (있쑤)?
2. vein: 칼에 (베인) 정맥
3. tug: (턱)을 당기다.
4. hug: 껴안으면 (헉헉)거린다.
5. virtue: 추석 전에 조상들의 묘를 (벌초)하는 것은 우리의 미덕이다.

6. beard: 턱수염은 면도칼로 (비어두) 자꾸 자라난다.

7. eternal: (이 터널)이여 영원하라.

8. realm: 다른 나라의 왕국을 (낼름) 차지하다.

9. muscle: 멋을(머슬) 부린 근육

10. busy: (비지)땀을 흘릴 정도로 바쁘다.

11. village: 마을을 통째로 (빌리지)

12. shelter: (쉴터)가 있으면 피난처지요.

13. gene: (쥔(쥐는)) 유전자를 밝힐 때 이용한다.

☙ 컨티넨탈 브렉퍼스트와 아메리칸 브렉퍼스트

서양식 아침 식사는 크게 두 가지로 구분된다. 컨티넨탈 브렉퍼스트(Continental Breakfast)와 아메리칸 브렉퍼스트(American Breakfast)이다. 컨티넨털 브렉퍼스트는 점심시간까지의 허기를 달래는 정도의 가벼운 메뉴로 커피, 우유, 주스 등의 음료에 빵과 잼, 버터 등이 전부이다.

이에 반해 아메리칸 브렉퍼스트는 커피, 우유, 홍차 등을 마시고 시리얼과 빵을 밥처럼 먹는 아침 식사를 의미한다. 그리고 다양한 달걀 요리와 함께 햄, 베이컨, 소시지를 곁들여 먹으면 부족한 단백질이 보충된다.

☙ I have a sweet tooth.

"I have a sweet tooth." 이 문장을 우리말로 무엇이라고 할까? "나는 단 음식을 좋아한다."라는 뜻이다. 직역하면 "나는 달콤한 이를 가지고 있다."이다. 이가 달콤한 캐러멜로 되어 있다는 말이 재미있는 표현이다.

사자성어/한자성어 200 So many men, so many minds

'각양각색(各樣各色)'을 영어로 무엇이라고 할까? 정답은 "So many men, so many minds"이다. 직역하면 "너무 많은 사람들, 너무 많은 마음들"이다. 지구상에 수십억 명의 사람들이 있는데 이들은 생김새, 생각, 행동들이 모두 다르다. 쌍둥이조차도 지문이 같지 않고 생각도 행동도 다르다. 이렇게 사람들이 다르고 생각도 다른 것이 세상을 살아가는 재미이다. 만약 사람들이 모두 얼굴도 똑같고 생각하는 것도 똑같다면 무슨 재미로 살까?

사자성어/한자성어 201 Castle in the air

'사상누각(沙上樓閣)'을 영어로 무엇이라고 할까? 정답은 'Castle in the air'이다. 직역하면 '공중에 있는 성'이라는 뜻이다. '사상누각'은 "모래 위에 세워진 누각"이라는 뜻으로 기초가 되어 있지 않은 상태에서 누각이 있다는 뜻이다. 영어로는 '공중에 떠 있는 성'이다. 성은 공중에 뜬다는 것 자체가 불가능하다.

> 정리
>
> 사상누각
> = Castle in the air

You are barking up the wrong tree.

'동문서답(東問西答)'을 영어로 무엇이라고 할까? 정답은 "You are barking up the wrong tree."이다. 직역하면 "너는 잘못된 나무에서 짖고 있다."이다. 그 유래를 이야기해 보면 다음과 같다. 어느 사냥꾼이 사냥하러 갈 때 개를 데리고 다녔다. 하루는 사냥꾼이 새를 사냥하고 개에게 사냥감을 물고 오라고 했는데 사냥개가 사냥감이 있는 나무가 아닌 다른 나무 밑에서 짖고 있었다. 여기에서 유래된 표현이 "You are barking up the wrong tree." 이다.

icing on the cake

'금상첨화(錦上添花)'를 직역하면 "비단 위에 꽃을 첨가하기." 는 뜻이다. 그러면 '금상첨화'를 영어로 무엇이라고 할까? 정답은 'icing on the cake'이다. 직역하면 '케이크 위에 설탕 입히기'이다. 금상첨화나 icing on the cake이나 좋은 일이 겹쳐서 일어나는 것을 의미한다.

misfortune on top of misfortune

'설상가상(雪上加霜)'이란 "눈 위에 서리가 더해졌다."는 뜻으로 좋지 않은 일들이 연속해서 일어나는 것을 의미한다. 설상가상을 영어로 무엇이라고 할까? 정답은 'misfortune on top of misfortune'이다. 직역하면 '불행의 꼭대기에 불행'이라는 의미이다. 그러면 '설상가상으로'는 영어로 무엇이라고 할까? 정답은 'To make matters worse'이다. 직역하면 '일들을 더 나쁘게 만들기'이다. 초등학교 시험에서 "좋지 않은 일들이 덧붙여져 일어나는 것을 무엇이라고 할까요?"라는 문제가 나왔고 정답은 '설'로 시작하는 네 글자 설 ( ) ( ) ( )이었다. 한 학생이 쓴 오답은 (설)(사)(가)(또)였다. 정답은 설상가상이다.

사자성어/한자성어 205 Diamond cuts diamond.

'결자해지(結者解之)'란 매듭을 맺은 자가 그것을 푼다는 뜻이다. '결자해지'를 영어로 무엇이라고 할까? 정답은 "Diamond cuts diamond."이다. 직역하면 "다이아몬드는 다이아몬드를 자른다."이다. 이 말은 다이아몬드는 다이아몬드로만 자른다는 의미이다. 다이아몬드를 다이아몬드로 자른다는 것은 매듭을 맺는 자가 그것을 푼다는 것과 같은 의미이다.

사자성어/한자성어 206 The more, the better

"많을수록 좋다."를 영어로 무엇이라고 할까? 정답은 "The

more, the better."이다. 영어 문법에서 'the + 비교급, the + 비교급'은 '~하면 할수록 더욱 더 ~하다'라는 뜻을 가지고 있다.

"많을수록 좋다."를 한자로 쓰면 '多多益善(다다익선)'이다. 이 글자에서 '益(익)'은 '더욱'이라는 뜻이고 '善(선)'은 '좋다'는 뜻이다.

사자성어/한자성어 207 Time flies like an arrow.

"세월이 유수와 같다."를 영어로 무엇이라고 할까? 정답은 "Time flies like an arrow."이다. 직역하면 "시간은 화살처럼 날아간다."이다. 활시위를 떠난 화살은 순식간에 과녁에 도달한다. '白駒過隙(백구과극)'이라는 고사성어가 있다. 문틈으로 흰 망아지가 지나간다는 뜻이다. 그만큼 시간은 빨리 흐른다. 부모님의 손을 잡고 초등학교에 입학했을 때가 엊그제 같은데 벌써 노신사가 되었을 때 쓰는 말이다.

사자성어/한자성어 208 If at first you don't succeed, try again.

'칠전팔기(七顛八起)'를 영어로 무엇이라고 할까? 정답은 "If at first you don't succeed, try again."이다. 직역하면 "네가 처음에 성공하지 않으면, 다시 시작해."이다. 〈개구리 왕눈이〉라는 만화에 이런 가사가 나온다. "일곱 번 넘어져도 일어나고 여덟 번 넘어져도 일어나라." 이 가사를 네 글자로 하면 '칠전팔기'이다.

사자성어/한자성어 209 **a winding road**

'구절양장(九折羊腸)'은 '아홉 번 꼬부라진 양의 창자'라는 뜻으로 꼬불꼬불한 길을 의미한다. 그럼 구절양장을 영어로 무엇이라고 할까? 정답은 'a winding road'이다. 직역하면 '감겨져 있는 길'이다. 영어 단어 'wind'는 '바람'의 뜻으로 쓰일 때에는 [wind]로 발음되지만 '감다'의 뜻으로 쓰일 때에는 [waind]로 발음된다.

회화적인 시를 대표하는 한국의 시인 김광균의 시 〈추일서정〉에는 이런 구절이 있다.

"길은 구겨진 넥타이처럼 풀어져"

넥타이처럼 풀어져 있는 길이 'a winding road'이다.

사자성어/한자성어 210 **That's news to me.**

'금시초문(今始初聞/今時初聞)'을 영어로 무엇이라고 할까? 정답은 "That's news to me."이다. 직역하면 "그것은 나에게는 소식이다."이다. '금시초문'이란 "지금 처음 들었다."라는 뜻이다. 자신이 전혀 알지 못했던 내용을 들었을 때 하는 영어 표현이 "That's news to me."이다.

I tossed and turned all night.

"나는 밤새 잠 못 자고 뒤척였어."를 영어로 무엇이라고 할까? 정답은 "I tossed and turned all night."이다. 직역하면 "나는 밤 새도록 (나 자신을) 던지고 돌렸다."이다. 밤새 잠 못 자고 뒤척였 다는 것은 몸을 왼쪽으로 돌렸다 오른쪽으로 돌렸다 하는 것이 다. 잠 못 자고 뒤척이는 것을 한자로는 '輾轉反側(전전반측)'이라 고 한다. "굴렀다가 다시 옆으로 간다."라는 뜻이다. 생각이나 고 민이 많을 때 이러한 표현을 쓴다.

As clear as the Sun

'명약관화(明若觀火)'를 영어로 무엇이라고 할까? 정답은 "As clear as the Sun"이다. 직역하면 "태양처럼 분명하다."이다. '명약 관화'는 "불을 보는 것처럼 밝다."라는 뜻을 가지고 있다. 우리말 중에 '안 봐도 비디오'라는 표현이 있다. 이 표현은 '명약관화'를 현대적으로 쓴 표현이라고 할 수 있다.

When his or her home is happy(harmonious), all goes well.

'가화만사성(家和萬事成)'이란 "집이 화평하면, 모든 일이 이루 어진다."라는 의미다. 그럼 '가화만사성'을 영어로 무엇이라고 할까? 정답은 "When his or her home is happy(harmonious), all goes well."이다. 직역하면 "그(그녀)의 집이 행복하면(조화로우면), 모든 것이 잘 진행된다."이다. 'go'는 '진행되다'라는 뜻이다. 가정이 행복해야 모든 것이 행복해진다. 가정은 모든 행복의 근원이다.

사자성어/한자성어 214 I am looking forward to seeing you.

"나는 당신을 만날 것을 학수고대하고 있어요."를 영어로 무엇이라고 할까? 정답은 "I am looking forward to seeing you."이다. 문법적으로 'to'는 전치사여서 그 다음에 'see'가 아니라 'seeing'이 나온다. '鶴首苦待(학수고대)'란 "학의 머리처럼 괴롭게 기다린다."라는 뜻으로 우리말로는 "목이 빠지게 기다린다."라는 의미다.

사자성어/한자성어 215 I borrow from Peter to pay Paul.

'임기응변(臨機應變)'을 영어로 무엇이라고 할까? 정답은 "I borrow from Peter to pay Paul."이다. 직역하면 "나는 폴에게 지불하기 위해 피터로부터 빌린다."이다. '임기응변'은 그때그때 상황에 따라 대처를 잘 한다는 뜻이다. 폴에게 지불하기 위해 피터로부터 빌리면 결국 피터에게 다시 지불해야 할 빚이 있는 것이다.

사자성어/한자성어 216 A man's word is as good as a bond.

'남아일언중천금(男兒一言重千金)'이란 "남자의 말 한 마디는 천금처럼 무겁다."라는 뜻이다. 그럼 '남아일언중천금'을 영어로 무엇이라고 할까? 정답은 "A man's word is as good as a bond." 이다. 직역하면 "남자의 말은 접착제와 같다."이다. 영어에서 'as good as'라는 표현은 '~만큼 좋은'이라는 뜻도 있지만 '~와 같은'이라는 뜻도 있다. '남아일언중천금'을 한문에서는 무겁다는 의미로 '천금'에 초점을 맞추는 데 비해 영어에서는 '접착제'에 초점을 맞추는 게 흥미롭다. 영어에서는 말은 접착제와 같이 달라붙는다는 의미에서 접착제라는 단어가 사용되었다.

사자성어/한자성어 217 Don't break a fly on the wheel.

'견문발검(見蚊拔劍)'이란 "모기 보고 칼을 뽑는다."라는 말로 "하찮은 일에 큰 수고를 한다."라는 의미이다. 그러면 '견문발검'을 영어로 무엇이라고 할까? 정답은 "Don't break a fly on the wheel."이다. 직역하면 "바퀴 위의 파리를 부수지 마라."이다. 바퀴 위에 있는 파리는 사소한 것인데 그 사소한 것을 위해서 큰 수고를 하지 마라는 뜻이다. 같은 표현으로 "Don't draw your sword to kill a fly."가 있다. 해석하면 "파리를 죽이기 위해 칼을 뽑지 마라."이다. 또 하나의 표현으로 "Don't kill a fly with a long spear."가 있다. 해석하면 "긴 창으로 파리를 죽이지 마라."이다. 한자성어에서는 '모기'가 영어에서는 '파리'가 하찮은 일을 의미하기도 한다.

사자성어/한자성어 218 His life hangs by a hair(thread).

'풍전등화(風前燈火)'란 바람 앞의 등불로 매우 위태로운 상황을 의미한다. 그럼 "그의 목숨은 풍전등화와 다름없다."를 영어로 무엇이라고 할까? 정답은 "His life hangs by a hair(thread)."이다. 직역하면 "그의 목숨은 머리카락(실)에 의해 매달려 있다."이다. 목숨이 머리카락(실)에 의해 매달려 있으므로 그의 목숨은 풍전등화와 다름없다고 이야기할 수 있다.

사자성어/한자성어 219 Regret for his(her) unkindness to his(her) parents when alive.

'풍수지탄(風樹之嘆)'이란 "바람 맞은 나무의 한탄"으로 자식이 돌아가신 부모님에게 살아생전 잘 해드리지 못한 것에 대해 한

탄한다는 뜻이다. 그러면 '풍수지탄'을 영어로 무엇이라고 할까? 정답은 "Regret for his(her) unkindness to his(her) parents when alive."이다. 직역하면 "부모님이 살아계실 때 부모님께 친절하지 않은 것에 대해 후회하라."이다. 작은 나무는 큰 나무가 바람을 막아줄 때에는 큰 나무의 고마움을 잘 느끼지 못하다가 큰 나무가 없어진 후에라야 비로소 큰 나무의 소중함을 느끼게 된다. 여기에서 '작은 나무'는 '자식'을 의미하고 '큰 나무'는 '부모'를 의미한다. 부모님 살아계실 때 효도를 많이 하라.

사자성어/한자성어 220 Teaching is learning.

'교학상장(教學相長)'이란 "가르치고 배우면서 서로 성장한다."라는 뜻이다. 그럼 '교학상장'을 영어로 무엇이라고 할까? 정답은 "Teaching is learning."이다. 직역하면 "가르치는 것은 배우는 것이다."이다. 가르침보다 더 좋은 배움은 없다. 가르치려면 많은 지식을 쉽고 재미있게 전달해야 하기 때문에 공부를 열심히 하지 않을 수 없다.

사자성어/한자성어 221 A big frog in a small pond

'우물 안 개구리'를 영어로 무엇이라고 할까? 정답은 'A big frog in a small pond'이다. 직역하면 "작은 연못에 있는 큰 개구리"이다. '우물 안 개구리'를 한자로는 '坐井觀天(좌정관천)', '井底之蛙(정저지와)'라고 한다. '우물 안 개구리'는 우물에서 바라본 하늘이 하늘의 전부인 것처럼 생각한다. 자신의 생각이나 식견이 좁은 줄 모르고 그것이 전체인 양 생각하는 자 즉, 생각이나 식견이 좁은 자를 비유적으로 '우물 안 개구리'라고 표현한다.

사자성어/한자성어 222 Every minute seems like a thousand.

"일각(一刻)이 여삼추(如三秋)"는 몹시 애타게 기다리는 마음을 뜻한다. "일각이 여삼추"를 영어로 무엇이라고 할까? 정답은 "Every minute seems like a thousand."이다. 직역하면 "모든 분(分)은 천 분(分)처럼 보인다."이다. '일각이 여삼추'라는 말을 직역하면 "15분이 세 번의 가을 즉, 3년과 같다."이다. '일각'은 15분을 의미한다.

사자성어/한자성어 223 The Man of Gi feared that the sky might fall.

'기우(杞憂)'는 '기나라 사람의 근심'이라는 뜻이다. '기우'를 영어로 무엇이라고 할까?

정답은 "The Man of Gi feared that the sky might fall."이다.

직역하면 "기나라 사람이 하늘이 무너질까 걱정했다."이다. 기우는 옛날에 기나라 사람이 하늘이 무너질까 땅이 꺼질까 걱정했다고 하는 고사에서 유래한 말이다. 기나라 사람의 걱정이 쓸데 없는 걱정으로 의미가 바뀐 것이다.

우리가 하는 걱정의 40%는 절대로 발생하지 않은 사건에 대한 걱정이다. 우리가 하는 걱정의 30%는 이미 일어난 사건에 대한 걱정이다. 우리가 하는 걱정의 22%는 별로 신경 쓸 것이 아닌 사소한 것에 대한 걱정이다. 우리가 하는 걱정의 4%는 어떻게도 바꿀 수 없는 사건에 대한 걱정 즉, 우리가 하는 걱정의 96%는 걱정할 필요가 없는 걱정이다. 걱정이 나쁘지는 않지만 지나친 걱정은 건강에 좋지 않다. 건강 염려증 환자들은 맥박이 조금만 뛰어도 "내가 심장마비에 걸리면 어떡하지?" 하고 생각한다. 걱정이 너무 없어도 안 좋지만 지나친 걱정은 더 좋지 않다.

사자성어/한자성어 224 He is at large.

"그의 행방이 오리무중이다."를 영어로 무엇이라고 할까? 정답은 "He is at large."이다. 영어 'at large'는 '잡히지 않은', '활개치고 다니는'이라는 뜻을 가지고 있다. '五里霧中(오리무중)'이란 오리(2km)가 안개속이라는 뜻으로 어떤 일의 상황을 파악하기 어렵거나 일의 갈피를 잡기가 힘들다는 뜻을 가지고 있다.

사자성어/한자성어 225 **Waiting by a tree for a hare to turn up**

'수주대토(守株待兔)'를 영어로 무엇이라고 할까?

정답은 'Waiting by a tree for a hare to turn up.'이다. 직역하면 "나무 옆에서 산토끼가 나타나기를 기다리기"이다. '수주대토'란 "그루터기를 지켜서 토끼를 기다린다."라는 뜻이다. 옛날 송나라에 한 농부가 있었다. 그는 어느 날 들판에서 일하다가 토끼가 시속 100km로 달려서 나무의 그루터기에 부딪혀 죽는 것을 발견했다. 그 이후 그는 농사일은 안하고 토끼가 죽은 그루터기 옆에서 또 그런 토끼가 나타나기를 기다려서 송나라의 웃음거리가 되었다는 이야기이다. '수주대토'의 뜻은 '변통할 줄 모르고 융통성이 없는 사람'을 의미한다.

사자성어/한자성어 226 **Better to be the head of an ass than the tail of a horse.**

"닭 벼슬이 될망정 소꼬리는 되지 마라."를 영어로 무엇이라고 할까?

정답은 "Better to be the head of an ass than the tail of a horse."이다. 직역하면 "말꼬리보다 당나귀의 머리가 되는 것이 더 좋다."이다. "닭 벼슬이 될망정 소꼬리는 되지 마라."를 한자로 하면 "寧爲鷄口, 勿爲牛後(영위계구, 물위우후)"이다. 직역하면 "차라리 닭의 입이 될지언정 소의 뒤가 되지 마라."이다. 크고 훌륭한 집단의 말단에 있기보다는 작고 볼품 없는 집단의 우두머리가 되는 것이 낫다는 의미이다.

사자성어/한자성어 227 **A hundred arrows, a hundred hits.**

'백발백중(百發百中)'을 영어로 무엇이라고 할까?

정답은 'A hundred arrows, a hundred hits'이다. 직역하면 '100개의 화살들, 100개의 타격'이다. '백발백중'이란 총이나 활을 쏘아서 목표물을 정확히 맞추거나 어떤 일이 잘 들어맞을 때 쓰는 표현이다. 한자 '中'은 '가운데'라는 뜻도 있지만 '맞추다'라는 뜻도 있다. 춘추시대에 초나라의 共王(공왕)의 수하 가운데에 활을 아주 잘 쏘는 養由基(양유기)라는 사람이 있었다. 어느 날 그는 100보 떨어진 곳에서 버들잎을 쏘는 대로 모두 명중시켰다. 그의 활솜씨를 지켜본 모든 관중들이 우레와 같은 박수를 쳤다. 그 소문은 순식간에 온 나라에 퍼졌고 양유기는 백발백중을 대표하는 인물이 되었다.

사자성어/한자성어 228 **He bit the hand that feeds.**

"그는 배은망덕했다."를 영어로 무엇이라고 할까?

정답은 "He bit the hand that feeds."이다. "직역하면 그는 먹여주는 손을 물었다."이다. 영어 'bit(물었다)'은 'bite(물다)'의 과거형이다. '배은망덕(背恩忘德)'이란 '자신에게 은혜를 준 사람을 배반하고 덕을 잊는다.'라는 뜻이다. 자신에게 은혜를 준 사람은 평생 잊어서는 안 된다. 사람들은 자신이 도움을 준 사람에 대해 도움을 줄 때에만 기억한다. 자신에게 도움을 준 사람을 절대로 잊어서는 안 될 것이다.

사자성어/한자성어 229 I have my own fish to fry.

'내 코가 석자'를 영어로 무엇이라고 할까? 정답은 "I have my own fish to fry."이다. 직역하면 "나는 구울 나 자신의 생선이 있다."이다. 'fish to fry'는 'an important thing to do(해야 할 중요한 일)'를 의미한다. '내 코가 석자'를 한자로는 '吾鼻三尺(오비삼척)'이라고 한다. '내 코가 석자'라는 말은 '내 처지도 다급하여 남의 처지를 헤아릴만한 여유가 없다.'라는 뜻을 지니고 있다.

사자성어/한자성어 230 a drop in the bucket

"a drop in the bucket" 이 말을 우리말로 무엇이라고 할까? '양동이에 있는 물 한 방울'이라는 뜻이다. 이 표현을 한자로 쓰면

제
5
장

하루 1분 영어

●223●

'조족지혈(鳥足之血)'이다. 우리말로 번역하면 '새 발의 피'라는 뜻이다. '새 발의 피'는 아주 작은 양이다. 조족지혈을 영어로 쓰라고 했는데 만약 blood of a bird's leg라고 쓰면 콩글리시이다.

∞ Don't try to butter me up.

"Don't try to butter me up." "나에게 아부하지 마라."라는 뜻이다. 이 문장을 직역하면 "나에게 완전히 버터를 칠하지 마라."이다. 누군가에게 버터 칠을 하는 것은 누군가에게 아부한다는 의미이다.

∞ 배터리(battery)

'빠떼리'는 영어 'battery'의 일본식 영어이다. 'battery'를 영어 발음으로 적으면 '배터리'이고 원어 발음에 가깝게 적으면 '배러리'이다. 영어에서는 모음 사이의 'd'나 't'는 'r'로 발음된다는 원칙이 있다. 예를 들면 영어 'water'는 '워터'가 아니라 '워러'로 발음된다. 물론 이것은 미국식 영어를 의미한다. 한국에서는 '배러리'보다는 '밧데리'를 더 많이 쓴다. 가수 홍진영의 노래 가운데 〈사랑의 밧데리〉가 있다. 이 노래는 이렇게 시작된다.

나를 사랑으로 채워줘요. 사랑의 밧데리가 다 됐나 봐요.

여기에서 '밧데리'는 일본식 영어 '빠떼리'를 약간 부드러운 단어인 '밧데리'로 고쳐 쓴 표현이다.

∞ 가라오케

노래방을 영어로는 singing room 이라 하고 일본어로는 가라오케(からオケ)라고 한다. '가라(から)'는 비어 있다는 뜻이고 '오케(オケ)'는 영어 orchestra 즉 관현악단이라는 단어의 줄임말이다.

즉 오케스트라가 없다는 뜻이다. 노래방 기계에서 음악이 나온다는 뜻이다.

∞ 파마

여성들은 미장원에서 파마를 한다. 그렇다면 파마의 어원은 무엇일까? 정답은 permanent wave이다. 우리말로 번역하면 '영구적인 물결'이다. 즉 한번 파마를 하면 물결 모양의 웨이브 상태가 오랫동안 지속된다는 데서 유래한 단어이다. 파마는 콩글리시이다. 영어로는 펌(perm)이라고 해야 한다.

∞ 카타르시스

슬픈 영화를 보면 눈물을 흘린다. 그 눈물은 마음의 끝에서 우러나온 눈물이다. 눈물을 흘림으로써 마음이 정화된다. 카타르시스(catharsis)의 뜻은 정화(淨化)이다. 즉 마음이 깨끗해진다는 뜻이다. 카타르시스(catharsis)는 그리스어로 정화, 설사, 설사약이라는 뜻이다. 설사를 하고 나면 기분이 정화된다. 아리스토텔레스는 그의 책 〈시학〉에서 사람들은 비극을 보며 연민을 느낀다고 이야기했다. 그러한 연민을 느끼고 눈물을 흘리는 것이 일종의 카타르시스이다. 슬픈 장면을 보고 있으면 눈물을 흘리는 것도 카타르시스의 대표적인 예이다.

회화 231 "Fill it up, please."

사람들은 주유소에 가서 기름을 넣는다. 그럼 주유소는 영어로 무엇이라 할까? 정답은 gas station이다. oil bank가 아니다. 주유소에 가서 "기름을 어떻게 해드릴까요?"라고 직원이 물으면 "만땅이요" 라고 말하는 경우가 있다. 이때 '만땅'은 가득 차 있다는 뜻의 한자어 '滿(만)'과 tank를 합하여 만 탱크라고 하다가 발음이 편하게 '만땅'이라고 쓴 것이다. 그럼 영어로 "기름을 가득 채워 주세요."라고 하려면 어떻게 쓸까? 정답은 "Fill it up, please." 이다.

회화 232 My mouth is watering.

음식점을 지나갈 때 맛있는 냄새가 나거나 책이나 TV에서 맛있는 음식이 나오면 입에서 군침이 돈다. 그럼 "입에서 군침이 돈다."를 영어로 무엇이라 할까? 정답은 "My mouth is watering." 이다. 우리말로 직역하면 "입에서 물이 나오고 있다." 이다. 군침이 돌면 입에서 물이 나온다. 영단어 'water'는 여러 가지 뜻을 가지고 있다.

1)물 2)물을 주다 3)물이 나오다

"나는 꽃에 물을 주고 있다."는 영어로 "I am watering the

flowers."이다.

회화 233 I gained weight.

"나 살쪘어."를 영어로 뭐라 할까? 정답은 "I gained weight."
이다. 직역하면 "나는 무게를 얻었어."이다. 연휴에는 칼로리가
높은 떡국, 고기 등을 많이 먹게 된다. 그러면 체중이 2kg 정도
는다. 그럼 "나 살 빠졌어."는 영어로 뭐라 할까? 정답은 "I lost
weight."이다. 직역하면 "나는 무게를 잃었어."이다. 살이 빠진다
는 것은 무게를 잃는 것이다. 헬스장에 가서 열심히 운동해서 쪘
던 살이 빠진다. 살은 찌우기는 쉬워도 빼기는 어렵다.

회화 234 I had a flat tire.

타이어에 바람이 빠지면 빵꾸가 났다고 표현한다. 빵꾸는 영어
puncture('펑쳐'인데 줄여서 '펑크'로 발음함)를 일본식으로 줄인
표현이다. "타이어에 바람이 빠졌다."를 영어로 무엇이라고 할까?
영어로 "I had a flat tire."라고 한다. 직역하면 "나는 평평한 타이
어를 가졌다."라는 뜻을 가지고 있다. 영어 flat은 '1. 평평한 2. 연
립 주택 3. 바람이 빠진'이라는 뜻을 가지고 있다.

회화 235 I ache all over.

흔히 "삭신이 쑤셔요"라고도 한다. '삭신'은 몸의 근육과 뼈마디를 의미하는 말이다. "온 몸이 아파요."를 영어로 무엇이라고 할까? 정답은 "I ache all over."이다. 'ache'는 '아프다'라는 뜻이고 'all over'는 '도처에'라는 뜻이다. 어떤 일에 너무 무리하거나 감기, 몸살이 심하면 삭신이 쑤신다. "돈을 잃으면 조금 잃는 것이요. 친구를 잃으면 많이 잃는 것이요. 건강을 잃으면 모든 것을 잃는 것이다."라는 말이 있다. 건강은 건강할 때 지켜라.

회화 236 The scene is beyond description.

"The scene is beyond description."을 우리말로 무엇이라고 할까? 정답은 "경치가 말로 형용할 수 없이 아름답다."이다. 영어 'beyond'는 '저편에'라는 뜻이다. 직역하면 "경치는 묘사 저편이다."라는 뜻이다. 이백은 자신의 시 〈山中問答(산중문답)〉에서 "천지에 인간 세상이 아니다(別有天地非人間)." 라고 했는데 경치가 아름다우면 신선 세상에 있는 듯한 생각을 가지게 된다.

회화 237 Where is the toilet?

"화장실이 어디에 있습니까?"를 영어로 무엇이라고 할까?

첫째, "Where is the toilet?"이 가장 초급적인 영어다.

둘째, "Where can I wash my hands?"이다. 직역하면 "어디에

서 손을 씻을 수 있습니까?"이다. 화장실에 가면 손을 씻기 때문에 쓰는 표현이다.

셋째, "Where can I powder my nose?"이다. 직역하면 "어디에서 코에 분을 바를까요?"이다. 여성들은 화장실에 가서 화장을 고친다.

회화 238 May I have your autograph?

"사인 좀 받아도 될까요?"를 영어로 무엇이라고 할까? 정답은 "May I have your autograph?"이다. 직역하면 "제가 당신의 친필 서명을 가져도 될까요?"이다. 한국에서는 유명한 분들이 출판기념회를 하면 그분들의 책을 사서 친필 서명을 받는데 이것을 사인 받는다고 이야기한다. 영어로 'sign'은 서명의 뜻보다는 기호의 뜻이 더 맞다.

회화 239 My sixth sense works well.

"나는 직감이 있어."를 영어로 무엇이라고 할까? 정답은 "My sixth sense works well."이다. 이 말을 직역하면 "나의 여섯 번째 감각이 잘 작동한다."이다. 의역하면 "역시 내가 예상했던 대로군."이다. 다시 말하면 "나는 직감이 있어."다. 사람에게는 5감각이 있다. 시각, 청각, 촉각, 후각, 미각이다. 제 6의 감각은 직감력이다. 여성들이 남성들보다 육감이 뛰어나다.

회화240 My lips are sealed.

"My lips are sealed."를 우리말로 무엇이라고 할까? 정답은 "비밀을 지킬게."이다. 직역하면 "나의 입술들은 봉해졌다."이다. 입술들이 봉해져 있다는 것은 비밀을 지킨다는 뜻이다. 팝송 중에 'Sealed with a kiss'가 있다. 직역하면 '키스로 봉인된'이고 약자로 'SWAK'라고 한다. 예전에 외국인이 한국에 와서 농촌 체험하는 TV 프로그램인 〈좋은 세상 만들기〉의 편지 읽기 사연에 나오는 음악으로도 이용된 적이 있다. '크리스마스 실'이라는 말도 있다. 크리스마스실은 결핵 퇴치 기금을 만들기 위해 크리스마스가 다가올 무렵에 만드는 증표이다.

이렇게 영어 단어 'seal'은 '봉인하다'는 뜻 외에 '물개'라는 뜻도 가지고 있다.

회화241 Be my guest.

"Be my guest."는 강세가 어디에 오느냐에 따라 해석이 달라진다. 'Be'에 강세를 두고 읽으면 "제가 모시겠습니다."이다. 직역하면 "나의 손님이 되세요."이다. 'guest'에 강세를 두고 읽으면 "네 마음대로 해 봐."가 된다. 당신을 나의 손님으로 모시려고 했는데 당신 마음대로 한다는 뜻이다. 우리말도 '예'를 어떻게 발음하느냐에 따라서 '맞다', '어쩔 수 없이 응한다', '충성하겠다', '다시 한 번 말씀해 주시겠어요?' 등 다양한 의미로 쓰인다.

회화 242 Believe it or not

"믿거나 말거나"를 영어로 무엇이라고 할까? 정답은 "Believe it or not"이다. 정확하게 쓰면 "Whether you believe it or not"인데 줄여서 "Believe it or not"이라고 한다. 영어 단어 'whether'는 '~인지 아닌지' 와 '~이든 아니든'의 두 가지 뜻을 가지고 있다. "Whether you believe it or not"이라는 표현에서는 '~이든 아니든'의 뜻으로 쓰였다.

회화 243 Could you give me a rain check?

"다음 기회로 하시죠."를 영어로 무엇이라고 할까? 정답은 "Could you give me a raincheck?"이다. 직역하면 "저에게 우천 순연권을 주실 수 있나요?"이다. 프로 야구 경기를 관람하다가 비가 와서 경기가 중단되면 다음에 경기를 다시 볼 수 있는 표를 준다. 이것이 바로 우천순연권(rain check)이다. 우천 순연권을 준다는 것은 연기한다는 의미이다.

회화 244 **I broke up with him(her).**

"나는 그(그녀)와 헤어졌다."를 영어로 무엇이라고 할까? 정답은 "I broke up with him(her)."이다. 직역하면 "나는 그(그녀)와 완전히 깨졌다."이다. 누군가와 완전히 깨졌다는 것은 누군가와 헤어진다는 것을 의미한다. 가수 나미의 노래 〈슬픈 인연〉의 가사는 이렇게 시작된다. "멀어져가는 저 뒷모습을 바라보면서....." 사랑하는 사람과 헤어진다는 것은 슬픈 일이다.

회화 245 **I was born in the year of the monkey.**

"나는 원숭이띠이다."를 영어로 무엇이라고 할까? 정답은 "I was born in the year of the monkey."이다. 직역하면 "나는 원숭이의 해에 태어났다."이다. 원숭이의 해에 태어났다는 것은 원숭이띠이라는 의미이다. "나는 원숭이띠이다."를 영어로 "I am a monkey belt."라고 하면 콩글리시가 된다.

회화 246 **What a scene!**

"정말 가관이군!"을 영어로 무엇이라고 할까? 정답은 "What a scene!"이다. 직역하면 "장면이구나!"이다. '가관(可觀)'은 '아름답다'라는 뜻과 '꼴불견이다'라는 뜻을 동시에 가지고 있다. "설악산의 풍경이 가관이다."라는 말에서는 '가관'이 "아름답다"라는 뜻을 가지고 있지만, "젠 체 하는 꼴이 가관이다."라는 말에서는 '가관이다'라는 말이 '꼴불견이다'라는 뜻을 가지고 있다. "What a scene!"도 '아름답다'라는 뜻과 '꼴불견이다'라는 두 가지 의미를 가지고 있다.

회화 247 I've seen everything.

"살다 보니 별 일도 다 있네요."를 영어로 무엇이라고 할까? 정답은 "I've seen everything."이다. 직역하면 "나는 모든 것을 보아왔다."이다. 모든 것을 보아왔다는 것은 좋은 일만 보아왔다는 것이 아니라 나쁜 일도 보아왔다는 의미이다. "별 일도 다 있다."라는 것은 갑자기 좋은 일이 생겼다는 의미도 되고 갑자기 나쁜 일이 생겼다는 의미도 된다. 그것을 영어로는 "나는 모든 것을 보아왔다."라는 의미로 "I've seen everything."이라고 한다.

회화 248 We cannot emphasize the importance of health too much.

"건강의 중요성은 아무리 강조해도 지나치지 않다."를 영어로 무엇이라고 할까? 정답은 "We cannot emphasize the importance of health too much."이다. 'cannot~too'는 '아무리 ~해도 지나치지 않다'라는 의미를 가지고 있다. 이런 말이 있다.

돈을 잃는 것은 조금 잃는 것이요.

친구를 잃는 것은 많이 잃는 것이요.

건강을 잃는 것은 모든 것을 잃는 것이다.

건강은 다른 무엇과도 바꿀 수 없는 소중한 자산이다.

회화 249 Will you go out with me?

"저와 함께 데이트 해주시겠어요?"를 영어로 무엇이라고 할까?
정답은 "Will you go out with me?"이다. 직역하면 "저와 함께
외출하실래요?"가 된다. 이 표현은 동성 사이에 쓰지 않고 이성
사이에 쓰는 표현이다. 이성 사이에 함께 외출한다는 것은 데이
트 한다는 의미이다.

회화 250 Winter affects me a lot.

"저는 유난히 겨울을 많이 타요."를 영어로 무엇이라고 할까?

정답은 "Winter affects me a lot."이다. 직역하면 "겨울은 나
에게 많이 영향을 끼친다."이다. 겨울을 많이 탄다는 것은 겨울의
영향을 많이 받는다는 의미다. "저는 유난히 여름을 많이 타요"
는 영어로 무엇이라고 할까? 정답은 "Summer affects me a lot."
이다. '탄다'라는 말은 계절의 영향을 받는다는 의미다.

회화 251 **Say when.**

  "언제 그만 따를 지 말씀해 주세요."를 영어로 무엇이라고 할까? 정답은 "Say when." 이다. "Say when."은 잔에 물이나 음료수 또는 술을 따를 때 언제 그만 따를 지 물을 때 쓰는 표현이다. 직역하면 "언제인지 말해요."이다. 잔에 물이나 음료수 또는 술을 따를 때 잔에 가득 따르는 것을 원하는 사람이 있는가 하면 반만 따르는 것을 원하는 사람도 있다. 이 표현은 상대방의 의사를 존중하는 표현이라고 할 수 있다.

회화 252 **I haven't met my Mr. Right/Miss Right yet.**

  "저는 아직 임자를 못 만났어요."를 영어로 무엇이라고 할까?

  정답은 "I haven't met my Mr. Right(Miss Right) yet."이다. 영어 'Mr. Right(Miss Right)'은 우리말로 '알맞은 사람', '이상형', '임자'라는 뜻이다. 모태 솔로도 있기는 하지만 인생에서 자신의 반쪽을 찾는 것은 행복한 일이다. 자신의 반쪽을 영어로는 'the better half'라고 한다. 따라서 "저는 아직 임자를 만나지 못했어요."를 영어로 "I haven't met my better half."라고 써도 된다.

회화 253 Don't be a jaywalker.

"무단 횡단하지 마세요."를 영어로 무엇이라고 할까? 정답은 "Don't be a jaywalker."이다. 영어 'jaywalker'는 무단 횡단하는 사람을 의미한다. jay는 J와 의미가 같아서 J자로 걷는 사람을 의미한다. 길을 걷다가 횡단보도를 건너지 않고 대로를 가로질러 가는 모습이 J자처럼 생겼다고 해서 무단 횡단을 영어로 J walking 이라고 한다.

회화 254 Let's thumb a ride.

"Let's thumb a ride." 이 문장을 우리말로 번역하면 무엇일까? 정답은 "무임승차하자."이다. 직역하면 '타는 것을 엄지손가락으로 신호하자.'이다. 영어 'thumb'은 '엄지손가락'을 의미하는 단어이다. 'thumb'은 무임승차할 때 사용되어 'thumb a ride'는 '엄지손가락으로 신호하여 차를 얻어 타다'라는 뜻을 가지고 있다.

회화 255 He(she) hasn't a clue.

"그(그녀)는 참 대책이 안 서는 아이야." 이 문장을 영어로 무엇이라고 할까?

정답은 "He(she) hasn't a clue."이다. 직역하면 "그(그녀)는 단서(실마리)를 가지고 있지 않다."이다. 단서(실마리)를 가지고 있지 않다는 것은 어떤 일에 대한 이해가 전혀 없다는 의미이다. 어떤 일에 대한 이해가 없다는 것은 대책이 없다는 것을 의미한다. '대책'이란 '대비하여 만든 계획'이다. 대책 없는 삶을 살아간다는 것은 오아시스가 없는 사막에서 끝없이 걷는 것과 같다.

회화 256 It's time to wind up the watch.

"시계 밥 줄 시간이다."를 영어로 무엇이라고 할까?

정답은 "It's time to wind up the watch."이다. 직역하면 "시계의 태엽을 감을 시간이다."이다. 이 문장에서 wind(감다)는 '윈드'가 아니라 '와인드'라고 발음한다. wind는 바람이라는 뜻으로 쓰일 때 '윈드'라고 발음한다. 시계에 건전지를 넣거나 약을 넣고 태엽을 감으면 시계가 잘 작동한다. "시계 밥 줄 시간이다."를 영어로 "It's time to give rice to the clock."이라고 영작하면 콩글리시다. 시계에 밥을 준다는 것은 시계가 작동을 잘 하도록 하는 것이다.

회화 257 Please propose a toast.

"건배 제의 한 번 하시죠."를 영어로 무엇이라고 할까? 정답은 "Please propose a toast."이다. 영어 'toast'는 '건배' 또는 '건배하다'의 뜻을 가지고 있다. 원래 'toast'는 '구운 빵'이라는 뜻도 있지

만 '건배'라는 뜻도 있다. 맥주에 구운 빵을 넣으면 앙금이 가라
앉는다는 데에서 유래한 말이다. 영어 'propose'는 '청혼하다'의
뜻도 있지만 '제안하다'의 뜻도 가지고 있다.

회화 258 **He farted.**

"그는 방귀를 뀌었다."를 영어로 무엇이라고 할까?

정답은 "He farted.", "He cut the cheese.", "He broke
wind."이다. 방귀 소리는 'farting noise'라고 한다. '방귀를 뀌다'
를 영어로 'cut the cheese'라고 하는 이유는 발효식품 치즈를 자
르면 콤콤한 냄새가 난다고 해서 만들어진 것이다. '방귀를 뀌다'
를 'break wind'라고 하는 이유는 방귀 소리가 바람을 깨뜨리는
소리가 난다고 해서 만들어진 것이기 때문이다. 방귀는 위장 관
안에 있는 기체 또는 공기가 항문으로부터 나오는 것이다. 사람
은 하루에 방귀를 25번 정도 뀐다고 한다. 방귀는 음식물과 함께
입을 통해 들어간 공기가 장 내용물의 발효에 의해 생겨난 가스
와 혼합된 것이다. 방귀의 성분 중에 황화 가스나 암모니아가 있
어서 냄새가 나는 것이다. 방귀 뀐 후 사람들의 이야기들이라고
한다.

1. 뻔뻔한 사람

  "누가 뀌었어. 빨랑 자수하셔."

2. 솔직한 사람

   "아이. 참 시원하다."

3. 소극적인 사람

   "나는 아니니깐 쳐다보지 마."

4. 내성적인 사람

   "내 방귀는 냄새가 안나."

5. 긍정적인 사람

   "거 냄새 좀 나면 어때?"

6. 공격적인 사람

   "너는 방귀 안 뀌냐?"

7. 내숭 떠는 사람

   "아침에 먹은 게 안 좋은 사람 누구야?"

8. 양심 없는 사람

   "잠시 후 2차 폭발이 있겠다."

방귀는 유제품이나 콩류를 섭취한 후에 많이 생긴다. 그 이유
는 유제품이나 콩류는 체내에 흡수되지 않고 바로 대장으로 가
기 때문이다. 반면에 생선, 상추, 오이, 토마토 등은 가스를 적게
만든다.

회화 259 **Are you a beer person or a wine person?**

"당신은 맥주를 좋아하시나요? 와인을 좋아하시나요?"

영어에서 'a ~ person'은 '~을 좋아하는 사람'이라는 뜻이다. 물론 이 표현을 "Do you like beer or wine?"이라고도 할 수 있다. 중요한 것은 'person' 앞에 반드시 '명사'가 들어가야 한다는 것이다. 상대방에게 "무엇을 좋아하십니까?"라고 물어볼 때 'person'을 사용하면 훨씬 더 좋은 영작이 된다.

회화 260 **Busan dialect just came out.**

"부산 사투리가 막 튀어나왔네요."를 영어로 무엇이라고 할까?

정답은 "Busan dialect just came out."이다. 영어 'dialect'는 '방언', '사투리'를 의미한다. 영어 'come out'은 '밖으로 튀어나오다'라는 뜻을 가지고 있다. 여기에서 표준말과 사투리를 잠깐 배워보자. "어서 오세요."라는 표준말을 충청도 사투리로 하면 "빨리 와유.", 전라도 사투리로 하면 "언능 오랑께요.", 강원도 사투리로 하면 "어여 오드래요.", 경상도 사투리로 하면 "퍼뜩 오이소.", 제주도 사투리로 하면 "혼저 옵서예."이다. 가수 혜은이의 노래 〈감수광〉에 이런 가사가 있다.

가거들랑 혼저옵서예.

'감수광'은 '가십니까?', '가세요?'라는 뜻의 제주도 방언이다.

'혼저옵서예.'는 '혼자 오세요'가 아니라 '어서 오세요'라는 뜻의 제
주도 방언이다.

회화 261 Stop acting coy.

"내숭 좀 그만 떨어."를 영어로 무엇이라고 할까? 정답은 "Stop
acting coy."이다. '내숭'은 '내흉(內凶)'에서 나왔다. '내숭'은 '엉
큼하고 흉하다는 뜻이다. 겉으로는 얌전하고 부드러워 보이나 속
은 엉큼한 것 또는 그러한 태도'를 말한다. 영어 문법에서 'stop
~ing'는 '~하는 것을 멈추다'라는 뜻을 가지고 있다.

회화 262 Did you forget who I am?

"내가 누구인지 잊었느냐?"를 영어로 무엇이라고 할까?

정답은 "Did you forget who I am?"이다. 이 문장을 문법적
으로 간접의문문이라고 한다. '간접의문문'이란 "의문사 있는 의
문문이 의문문이나 평서문 다음에 의문사+주어+동사의 어순이
되는 것"을 말한다. 이 문장은 "Did you forget"이라는 문장과
"Who am I?"라는 문장이 합해지면서 "Did you forget who I
am?"이라는 문장으로 바뀌었다.

회화 263 The words just escaped my lips.

"무심결에 그런 말이 나왔어."를 영어로 무엇이라고 할까?

정답은 "The words just escaped my lips."이다. 직역하면 "그 말들은 바로 나의 입술로부터 달아났다."이다. 그 말들이 나의 입술로부터 달아난다는 것은 무심결에 그 말들이 나왔다는 것을 의미한다. '무심결'은 '無心(무심)'이라는 한자에 겨를을 의미하는 '결'이라는 우리말을 합성해서 만들어진 단어이다. '아무런 생각이 없어 스스로 깨닫지 못하는 사이'라는 뜻이다.

회화 264 Am I transparent?

"내가 너무 속 보이나요?"를 영어로 무엇이라고 할까? 정답은 "Am I transparent?"이다. 직역하면 "내가 투명합니까?"이다. 영어 'transparent'는 '투명한'이라는 뜻도 있지만 '(반대편이) 비쳐 보이는'이라는 뜻도 있다. 메리야스 공장에서 전화가 왔다. 뭐라고 왔을까? 정답은 "속 보인다."이다. 자신의 속을 너무 적나라하게 보이면 속 보이는 것이다.

회화 265 My father passed away.

"나의 아버지는 돌아가셨다."를 영어로 무엇이라고 할까? 정답은 "My father passed away."이다. '죽다'를 뜻하는 영단어는 'die'이고 돌아가시다를 뜻하는 영단어는 'pass away'이다.

우리말에서는 '돌아가시다'라는 단어에 대해 '운명하시다', '유명을 달리 하시다', '영면하시다', '소명하시다', '별세하시다', '작고하시다' 등 수많은 표현이 있지만 영어에서는 'pass away'라는 표현만 있다.

회화 266 **That was close.**

"아슬아슬했어."를 영어로 무엇이라고 할까? 정답은 "That was close."이다. 직역하면 "저것은 가까웠어."이다. 무언가가 아주 가까워지면 아슬아슬해진다. 예를 들어 차가 시속 100km로 달리다가 나보다 1cm 앞에서 멈추면 아슬아슬하다. 그럴 때 쓰는 영어 표현이 바로 "That was close."이다.

회화 267 **I'm browsing.**

"저는 단지 구경만 할 뿐이다."를 영어로 무엇이라고 할까? 정답은 "I'm browsing."이라고 한다. 그러면 영어 'browse'의 원래 뜻은 무엇일까? 'browse'의 원래 뜻은 "소가 풀을 뜯어먹다"라는 뜻이다. 소가 풀을 뜯어먹을 때에는 한 곳에서만 뜯어먹는 것이 아니라 이곳에서 조금 뜯어먹다가 저곳에서 조금 뜯어 먹는다. 이런 의미가 인터넷에 적용되면 '검색하다'라는 뜻으로 그 의미가 바뀐다.

❀ pour over

커피를 필터에 넣고 내려서 마시는 커피를 핸드 드립(hand drip)이라고 한다. 그런데 핸드 드립은 일본과 한국에서만 쓰는 용어이다. 핸드 드립을 영어로는 위로 퍼붓는다는 의미를 가진 pour over라고 하고 우리말로는 손내림 커피 또는 손흘림 커피라고 한다. 커피의 양과 물의 온도 그리고 커피를 내리는 사람의 숙련도에 따라서 맛이 달라지는 커피가 바로 핸드 드립 커피이다.

❀ GOP와 GP

철책에는 GOP와 GP가 있는데 GOP는 General Outpost의 약자로 일반초소라고 한다. 보통 적의 초소로 부터 2Km 정도 떨어져 있다. GP는 Guard Post의 약자로 경계 초소라고 한다. 보통 적의 초소로부터 500m 정도 떨어져 있다.

❀ 셀카?

2015년 이탈리아에 다녀왔다. 이탈리아의 지하철에서 표를 끊으려 하는데 한 이탈리아 남자가 우리에게 와서 "Finished?" 라고 하며 자기가 표 끊는 것을 도와준다고 버튼을 누르려 하자 우리는 "No."라고 강하게 이야기했다. 우리가 머뭇거리면 이 사람들은 버튼을 누르고 도와주었으니 돈을 달라고 요구했다. 지하철을 타고 역에 내리니까 수많은 사람들이 우리에게 와서 "Selfi?"라고 물었다. 한국에서는 자신의 모습을 찍을 때 셀카라는 말을 쓰는데 그 말은 콩글리시이다. 정확한 표현은 selfi 다시 말해서 self film이다.

🐾 복날(dog days)

복날을 영어로 'dog days'라고 한다. '복(伏)'은 엎드린다는 뜻을 가진 한자이다. 날씨가 너무 더워 사람이 개처럼 엎드려 있는 모습의 한자이다. 영어로 복날을 'dog days'라고 하는데 서양에서는 이 기간에 하늘에 개 별자리가 뜬다는 의미에서 복날을 'dog days'라고 한다.

🐾 I can barely hear you.(전화 감이 머네요)

"I can barely hear you." 이 문장의 뜻은 직역하면 "당신의 말을 거의 들을 수 없습니다."이다. 영어 'barely'는 '거의 ~않다'라는 뜻을 가지고 있다. 전화 감이 멀다는 것은 상대방의 목소리를 거의 알아듣지 못한다는 것을 의미한다.

🐾 housewarming party

'집들이'를 영어로 무엇이라고 할까? 정답은 housewarming party 이다. 직역하면 '집을 따뜻하게 하는 파티'이다. 집들이를 하면 초대받은 많은 사람들이 와서 집 분위기가 따뜻해진다. 초대받은 사람들은 초대한 사람들이 새로운 곳에서 즐겁게 살 수 있게 도와주는 역할을 한다.

약어 268 HD TV

고화질 TV를 영어로 무엇이라고 할까? 정답은 HD TV이다. 그러면 HD는 무슨 글자의 약자일까? HD는 High Digital의 약자가 아니다. HD는 High Definition의 약자이다. Definition은 '정의(定意)'라는 뜻도 있지만 '화질'이라는 뜻도 있다. 고화질 TV는 High Definition TV이다.

약어 269 F & B

'식음료'를 영어로 무엇이라고 할까? 정답은 food and beverage이다. 직역하면 음식과 음료수이다. 호텔은 크게 객실 파트와 식음료 파트로 나눌 수 있다. 식음료 파트는 food and beverage인데 줄여서 F & B라고 한다. 그래서 누가 호텔에서 F & B에 근무한다고 하면 "식음료 파트요?" 이렇게 이야기하면 된다.

약어 270 PX

군대에는 PX가 있다. 병사들은 이곳에서 과자도 사먹고 음료수도 사서 먹는다. 그럼 PX는 무엇의 약자일까? 정답은 post exchange이다. 직역하면 (돈과 과자를) 교환하는 장소라는 뜻이다. 다시 말하면 군부대 내의 매점을 PX라고 한다.

제 5 장

하루 1분 영어

약어 271 ET

외계인을 영어로 무엇이라고 할까? 정답은 ET 또는 alien이다. ET는 스티븐 스필버그 감독이 1982년에 만든 영화 제목이기도 한다. ET는 The Extra-Terrestrial의 약자이다. 'extra-'는 '밖의' 라는 뜻이고 'terrestrial'은 '지구(상)의'라는 뜻이다. 예전에 영화 〈울학교 ET〉가 있었는데 그 영화에서 ET는 English Teacher 를 의미한다. 영화 〈울 학교 ET〉는 체육 선생님이 영어 선생님이 되어 겪는 좌충우돌 이야기이다. 외계인을 나타내는 또 다른 단어로 alien이 있다. 소외는 영어로 alienation이라고 한다. 직역하면 외계인화이다. 누군가가 외계인화가 되면 그 사람은 소외된 것이다.

약어 272 PRI

'사격술 예비 훈련'을 영어로 무엇이라고 할까? 정답은 Preliminary Rifle Instruction이다. 직역하면 '예비적인 소총 지도'이다. 약자로 'PRI'라고 한다. 실제 소총 사격전에 총을 전진 무의탁 자세(양손에 총을 들고 몸은 앞을 향한 자세)에서 바로 바닥에 엎드려 과녁을 향해서 조준하는 훈련을 'PRI'라고 한다. 내가 군대에서 훈련병일 때 하늘같은 조교님이 우리에게 "너희들 PRI가 무엇의 약자인지 알아?"라고 했다. 누구도 대답을 못 했다. 그러자 그가 우리에게 이렇게 말했다. "피가 나고 알배기고 이가 갈린다고 해서 피알아이야." 전진무의탁(전진을 위해 아무 것에도 의존하지 않고 돌격하는 것) 자세에서 목표물을 향해서 '멀가중 멀가중 멀중가중' 훈련을 한다. '멀리 가까이 중간 멀리 가까이 중간 멀리 중간 가까이 중간'이라는 뜻이다. 목표물을 멀리 가까이 그리고 중간에 두고 사격 연습하는 훈련이다. PRI 훈련을 하면 진짜 피가 나고 알 배기고 이가 갈린다.

약어 273 PR

'PR'을 우리말로 무엇이라고 할까? 정답은 '홍보'다. 그럼 PR은 무엇의 약자일까? 정답은 Public Relations의 약자이다. 직역하면 '공적인 관계'이다. 요즘은 '자기 PR의 시대'라고 한다. 피할 것은 피하고 알릴 것은 알린다는 의미에서 PR이 아니다.

약어 274 DDD

원거리 자동전화를 영어로 무엇이라고 할까? 정답은 DDD이다. 그럼 DDD는 무슨 글자의 약자일까? 정답은 'Distant Direct Dialing'이다. 요즘에는 지역 번호가 도마다 다르지만 예전에는 시마다 지역 번호가 달랐다. 예를 들면 전화나 핸드폰으로 경기 지역에 전화를 하려면 '031'을 먼저 누른 후 다음 번호를 누르면 된다. 가수 김혜리 씨가 'DDD'라는 제목으로 부른 노래도 있다.

오-디디디 디디디 혼자선 너무나 외로워

디디디 디디디 가슴만 태우는 그대여

약어 275 UFO

'미확인 비행물체'를 영어로 무엇이라고 할까? 정답은 'UFO'이다. 'UFO'는 'Unidentified Flying Object'의 약자이다. 확인되지 않은 비행물체라는 뜻이다. UFO의 존재에 대해서는 지금도 논란이 많다. 난센스 퀴즈다. 영어 알파벳 중 E와 T를 빼면 몇 글자가 남을까? 정답은 21글자이다. 왜 그럴까? 영어 알파벳은 26자인데 ET가 빠지게 되면 ET는 UFO를 타고 가야 하기 때문이다. 그래서 E, T, U, F, O 다섯 글자가 빠져서 21자가 남는다.

단어 276 KATUSA

카투사는 영어로 KATUSA라고 하는데 이 글자는 약자이다. 그럼 KATUSA는 무슨 글자의 약자일까? KATUSA는 Korean Augmentation To The U.S. Army(주한미육군 증원한국군)의 약자이다. 카투사를 카츄샤라고 발음하면 안 된다. 카츄샤는 톨스토이의 『부활』에 나오는 여자 주인공의 이름이다. 한 카투사가 미군이 계속 자신을 응시하고 있으니까 이렇게 말했다고 한다. Why are you 째려~ing me? 영어와 우리말의 절묘한 만남이다.

약어 277 FM

우리는 어떤 사람이 원칙에 따라서 행동할 때 FM대로 행동한다고 한다. FM은 무슨 글자의 약자일까? 정답은 'Field Manual(야전 교범)'이다. 야전교범이란 무기의 원리, 원칙들을 적어놓은 책이다. '野戰(야전)'은 전쟁터를 의미한다. FM을 라디오의 FM과 착각하면 안 된다. 라디오의 FM은 Frequency Modulation의 약자로 주파수 변조라는 뜻이다. 라디오의 FM을 잘 들으려면 주파수를 맞추기 위해서 안테나를 올려야 한다.

약어 278 MC

사회자를 영어로 MC라고 한다. MC는 무슨 글자의 약자일까? MC란 'Master of Ceremony'의 약자로 직역하면 '의식의 주인'이라는 뜻이다. 'ceremony'는 '의식'이라는 뜻이다. 축구 선수들이 골을 넣을 때 하는 의식을 '골 세레모니'라고 한다. 안정환 선수가 2002년 월드컵 때 연장전에서 골든골을 넣은 후 반지에 키스한 것은 골 세레모니이다. 그가 하는 경기를 지켜본 국민들과 그의 아내에 대한 고마움의 표시라고 할 수 있다.

약어 279 PPL

‘PPL’을 우리말로 무엇이라고 할까? 정답은 간접 광고이다. PPL은 영어 Product Placement의 약자로 직역하면 ‘상품 배치’이다. CF(Commercial Film:상업 광고)에서 광고하는 것을 직접 광고라고 하고 드라마에서 연기자가 마시는 술, 연기자가 착용하고 있는 의상을 통해 광고하는 것을 간접 광고라고 한다. 예전에는 드라마에서 특정 제품을 광고하지 못했는데 최근에는 드라마에서 특정 제품을 광고하는 일이 일상이 되었다.

약어 280 SRT

‘SRT’는 무슨 글자의 약자일까? 정답은 ‘Super Rapid Train’이다. 우리말로 번역하면 ‘초 급행 기차’이다. SRT는 서울 수서역에서 매시간 그리고 매시간 30분에 탑승하고, 두 좌석에 한 개씩 220V 콘센트가 있어서 핸드폰이나 노트북을 사용하기가 용이하고 좌석도 KTX에 비해 더 넓다. KTX는 ‘Korea Train Express’의 약자로 우리말로 번역하면 ‘한국 고속 기차’이다. KTX는 서울역, 부산역, 대구역 등 전국에 탑승하는 곳이 많은 반면에 SRT는 수서역에서만 탑승할 수 있다. 서울 수서역 근교에 사시는 분들에게는 SRT 탑승을 추천한다. 시속 300km로 달리는 기차가 있는 세상은 10여 년 전만 해도 상상도 못할 일이었다.

약어 281 SWOT

'SWOT'은 무슨 글자의 약자일까? 정답은 Strength, Weakness, Opportunity, Threatening이다. 해석하면 '강점', '약점', '기회', '위협'이다. 기업을 분석하려면 그 회사의 장점과 단점을 분석해야 한다. 그렇게 기업의 장점과 단점을 분석하는 것을 'SWOT 분석'이라고 한다.

약어 282 LTE

'LTE'는 무슨 단어의 약자일까? 정답은 'Long Term Evolution'이다. 그 뜻은 '장기간에 진화시킨 기술'이라는 뜻이다. 영어 단어 'term'은 '기간'이라는 뜻을 가지고 있고 'evolution'은 '진화'라는 뜻을 가지고 있다. 요즘 스마트폰은 'LTE'급이라고 하는데 초기의 스마트폰보다 훨씬 속도가 빠르다.

약어 283 CD ROM

CD는 Compact Disk(소형 음반)의 약자이고 ROM은 Read-Only Memory(읽기 전용 기억 장치)의 약자이다. CD ROM을 우리말로 옮기면 소형 음반 읽기 전용 기억 장치가 된다. 영어로 하면 '시디롬' 세 글자인데 비하여 우리말로 하면 '소형 음반 읽기 전용 기억 장치' 로 무려 열 두 글자이다. 이렇게 영어를 우리말로 굳이 번역하면 상당히 어색할 때가 많다. 우리말로 적으면 길어지는 단어를 영어로 써서 명확함을 드러내는 것, 이것이 바로 영어의 특징이다.

약어 284 R.I.P

'R.I.P'는 무슨 글자의 약자일까?

정답은 "Rest In Peace"이다. 이 말은 원래 "May he(she) rest in peace"라는 표현이 생략된 문장이다. 직역하면 "평화 속에서 휴식을 취하기를 기원합니다."이다. 의역하면 "편히 잠드소서."라는 뜻이다. 영어 'May'가 문장의 처음에 오면 '기원한다'라는 뜻을 갖는다. 우리말로 "삼가 고인의 명복을 빕니다."와도 같은 표현이라 할 수 있다.

용어 285 One Source, Multi Use

'one source, multi use'란 무엇일까? 직역하면 '하나의 근원, 다양한 이용'이다. 'one source, multi use'란 하나의 콘텐츠를 다양한 방식으로 판매하는 것을 의미한다. 쉽게 말해서 드라마 〈대장금〉이 높은 시청률을 기록하면 지상파, 위성 방송, 인터넷 등에서 다시 보기로 방영되고 해외로 수출된다. 또 이와 관련된 다양한 캐릭터 상품이 나오게 된다. 이게 바로 'One Source,

Multi Use'이다. 다시 말해서 하나의 작품이 성공하면 그 작품은 다양한 콘텐츠로 부가적 혜택을 가지게 된다. 이것이 바로 'One Source, Multi Use'이다.

용어 286 deus ex machina

'데우스 엑스 마키나(deus ex machina)'를 우리말로 무엇이라고 할까? 정답은 '기계신(machine god)'이다. 기계신이란 주인공이 위험에 처해 있을 때 도와주는 외적 상황을 의미한다. 〈해님 달님〉에서 하늘에서 내려오는 동아줄, 〈심청전〉에서 심청이 인당수에 빠졌을 때 심청을 물 위로 오르게 한 연꽃 등은 모두 데우스 엑스 마키나이다.

용어 287 cocktail party effect

'칵테일파티 효과'를 영어로 무엇이라고 할까? 정답은 'cocktail party effect'이다. 이 말은 내가 잘 아는 것은 잘 들리는 효과를 말한다. 칵테일파티에서 음악이 연주되고 사람들이 말을 한다. 누가 나에게 말을 하는 것이 잘 들리지 않는다. 그러나 누가 나의 이름을 부르면 잘 들린다. 이것이 바로 칵테일파티 효과이다. 지금부터 10여 년 전에 경주에 있는 '천마총(天馬塚)'에 간 적이 있었다. 나는 천마도가 그림이라고 생각했다. 그런데 한 여자 해설사님께서 외국인을 대상으로 천마도에 대해 해설을 주셨다. 나는 영어를 전공해서 영어에 관심이 많았다. 나는 그분의 영어에 귀를 기울였다. 흥미로운 사실을 알게 되었다. 그 해설사님께서는 "천마도는 말안장에 놓는 진흙털이개이다."라고 말씀하셨다. 그리고 천마도는 자작나무로 만들어졌다는 것도 알게 되었다. 자작나무를 뜻하는 'birch'라는 단어가 귀에 들렸다. 이처럼 내가 잘 아는 것은 잘 들리는 법이다. 이것이 바로 칵테일파티 효과다.

용어 288 placebo effect

'위약 효과'를 영어로 무엇이라고 할까? 정답은 'placebo effect'이다. '僞藥(위약)'이란 가짜 약을 의미한다. '위약 효과'란 '위약을 먹었을 때 환자가 진짜약이라고 믿어 좋은 반응이 나타나는 일'을 의미한다. 예를 들어 한 사람이 A라는 약을 뱀탕인데 쌍화탕이라고 속이고 B라는 약을 쌍화탕인데 뱀탕이라고 속였다고 하자. 한 사람이 A라는 약을 C라는 사람에게 주며 쌍화탕이라고 하면 C라는 사람은 별 반응이 없는데 B라는 약을 D에게 주며 뱀탕이라고 하면 D는 역시 힘이 솟는다고 말한다. 사람은 약보다는 심리적인 것에 더 마음이 기울여진다.

용어 289 Veblen effect

Veblen effect(베블렌 효과)의 뜻이 무엇일까? 과시적 소비 효과이다. 베블렌은 미국의 경제학자이자 사회과학자이다. 그는 자신의 저서 『유한계급론』에서 상층 계급의 두드러진 소비는 사회적 지위를 과시하기 위하여 행해진다고 말했다. 과시적 소비 효과의 예로 다이아몬드를 들 수 있다. 다이아몬드의 가격이 올라가면 올라갈수록 더욱 더 허영심을 자극하여 수요가 증대된다. 만약 다이아몬드의 가격이 떨어지면 그 가치와 희소성도 떨어져서 수요도 떨어지게 된다. 베블렌 효과를 마케팅에 적용시키는 예가 바로 고급화 차별 정책이다. 예전에 '제임스딘'이라는 속옷 상표가 있었다. 이 제품은 바지 속의 정장이라는 모토로 다른 속옷과 차별화를 이루었다. 한 제품을 다른 제품과 차별화시키면서 고가에 판매하면 그 제품의 수요자가 많아진다. 이것을 베블렌 효과라고 한다.

용어 290 swan song

시인이 죽기 전에 마지막으로 쓴 시를 무엇이라고 할까?

정답은 'swan song'이다. 'swan song'은 직역하면 '백조의 노래'이다. 백조는 평상시에는 노래를 부르지 않다가 죽기 전에 마지막으로 노래를 부른다고 한다. 그래서 시인이 죽기 전에 마지막으로 쓰는 시는 'swan song'이다.

용어 291 green shower

'산림욕'을 영어로 무엇이라고 할까? 정답은 'green shower'이다. 직역하면 '녹색의 샤워'이다. 산림욕을 forest bathing이라고 하면 콩글리시다. 산림욕이란 치료나 건강을 위하여 숲속을 거닐거나 온 몸을 드러내고 숲 기운을 쐬는 일을 말한다. 우리가 산림욕을 하는 이유는 숲에서 피톤치드가 나오기 때문이다. 피톤치드는 오전 10시~12시 사이에 가장 많이 나오고 활엽수보다는 침엽수에서 더 많이 나온다고 한다. 피톤치드를 쐬려면 산의 중심부에서 쐬는 것이 가장 좋다.

용어 292 working hard & hardly working

'working hard'와 'hardly working'의 차이가 무엇일까? 'working hard'는 '열심히 일하는(being diligent)'이라는 뜻을 가지고 있고 'hardly working'은 '거의 일하지 않는(being lazy)'이라는 뜻을 가지고 있다. 영어 'hard'와 'hardly'는 전혀 다른 뜻을 가지고 있다. 영어 'hardly'는 'hard'에 '-ly'가 붙었지만 'hard'와는 전혀 다른 뜻을 가진 부정부사이고 '거의 ~않는'의 뜻을 가지고 있다.

단어 293 The Ostrich Effect

'The Ostrich Effect'의 뜻은 타조 효과이다. 타조는 멀리서 적이 나타나면 모래 속에 머리를 파묻고 뒤에 있는 귀로 미세한 진동을 느낀다. 그리고는 싸울 것인가 도망갈 것인가를 생각한다. 타조가 모래 속에 머리를 파묻는 것을 부정적으로 해석하여 현실을 도피한다는 의미로 해석하기도 한다.

이론 294 the theory of use and disuse

'용불용설(用不用說)'을 영어로 무엇이라고 할까?

정답은 'the theory of use and disuse'이다. 이 이론은 라마르크가 주장한 이론으로 사용하면 발달하고 사용하지 않으면 퇴화한다는 이론이다. 그의 주장에 따르면 기린의 목은 원래 짧았는데 높은 곳에 있는 과일을 따먹으려고 목을 쓰다 보니 목이 길어지게 된 것이다. 사람들이 맥주를 마시면 처음에는 소주 컵 반 컵만 마셔도 취하다가 자꾸 술을 마시면 맥주 두세 병을 마셔도 안 취한다. 나는 어린 시절 동네 냇가에서 물놀이하다가 물에 빠져서 죽을 뻔한 적이 있었다. 그때 아는 형이 나를 구해주었다. 그 후 나는 물에 대한 두려움이 생겨서 구명 조끼를 입고 물에 빠져도 수영을 못해서 맥주병처럼 가라앉는다. 이게 바로 용불용설이다.

이론 295 the law of diminishing marginal utility

'the law of diminishing marginal utility'는 우리말로 한계 효용 체감의 법칙이다. 직역하면 '감소하는 주변 효용의 법칙'이다. 한계 효용 체감의 법칙이란 재화의 소비량이 증가할수록 그 재화의 한계 효용이 감소하는 현상을 의미한다. 배가 고플 때 밥을 먹으면 밥 한 그릇은 뚝딱 해치운다. 그러나 먹는 밥그릇 수가 많아질수록 밥을 먹는 행위는 더 이상 꿀맛이 되지 않는다. 이것을 한계효용 체감의 법칙이라고 한다.

한계 효용 체감의 법칙은 적용되는 범위가 무궁무진하다. 예를 들면 술이나 커피 등도 한계 효용 체감의 법칙이 적용된다. 학생이나 소비자의 입장에서 보면 교사나 생산자가 똑같은 이야기만 하거나 똑같은 물건만 생산하면 학생이나 소비자는 지루해하거나 그 제품에 대해 싫증을 느끼게 된다. 그래서 교사는 끊임 없이 새로운 지식을 습득해야 하고 생산자는 소비자가 호감을 가질 새로운 제품들을 출시해야 한다. 이렇게 한계 효용 체감의 법칙은 우리가 세상을 살아갈 때 알아야 할 중요한 규칙이다.

용어 296 Nudge theory

미국 시카고대 교수인 리처드 세일러(Richard Thaler)가 노벨 경제학상 수상자로 선정되었다는 보도가 나왔다. 그가 주장하는 이론은 'Nudge 이론'이다. 'nudge'는 '팔꿈치로 살짝 민다'라는 뜻을 가지고 있다. 이 이론은 옆구리를 찔러서 구매를 유도하는 방식이어서 '옆구리 이론'이라고도 불린다. 이 이론은 심리학과 행동 이론을 접목한 이론이다. 우리나라의 공용 화장실에 그의 이론이 응용된 것을 볼 수 있다. 그것은 바로 남자 소변기에 그려진 파리다. 남자가 소변기에서 파리에 정 조준하여 소변을 보기 때문에 소변기 밖으로 튀는 소변의 양이 80%가 감소되었다는 보고가 있다. 또 "남들은 세금을 다 냈어요."라는 말이 "세금을 내세요."라는 체벌 경고보다 더 체납자를 감소시킨다. 이렇게 실생활에서 응용되는 것이 바로 넛지 이론이다.

한자 297 A vigorous old age

'노익장(老益壯)'은 "늙을수록 더욱 굳세어진다"라는 뜻이다. '노익장'을 영어로 무엇이라고 할까? 정답은 'A vigorous old age' 이다. 직역하면 '활기 있는 늙은 나이'이다. 이 세상에는 나이가 들어도 자신의 일에 정열을 불태우는 분들이 많다. 나이가 들어도 자신의 일에 열정과 최선을 다하는 모습은 그 어떤 작품보다 멋진 작품이다.

텅 트위스터 298 Charles was chasing the chicken in the kitchen.

"Charles was chasing the chicken in the kitchen." 이 말을 우리말로 번역하면 무엇이라고 할까? 정답은 "찰스는 주방에서 병아리를 쫓고 있다."이다. 이 영어 문장은 우리말의 "내가 그린 기린 그림은 목 긴 기린 그림이고 네가 그린 기린 그림은 목 안 긴 기린 그림이다."처럼 발음하기 힘든 문장이다. 이렇게 소리 내어 읽기에 비슷한 모음이나 받침 글자가 많아서 술술 읽기에 힘들게끔 만든 문장을 영어로 'tongue twister'라고 한다. 우리말로 직역하면 '혀 뒤틀리기'이다.

∞ 두오모 성당

영화 〈냉정과 열정 사이〉에도 나왔던 두오모 성당은 이탈리아의 피렌체에 있는 성당이다. 두오모란 돔(dome)의 이탈리아어이다. 돔(dome)은 반구(半球: 반원)형 지붕을 가리킨다. 돔 구장이라는 말이 있다. 천장이 반구형으로 이루어진 구장이라는 뜻이다. 두오모 성당의 정상까지 오르려면 493개의 계단을 올라가야 한다. 계단을 오르면 이탈리아를 대표하는 음식인 피자 조각의 모양이 이어진다. 정상에 이르러서 보는 피렌체 시내의 광경은 가히 환상적이다.

∞ presence in absence

한용운의 시 〈님의 침묵〉에 이런 구절이 있다. "님은 갔지만은 나는 나의 님을 보내지 아니하였습니다 제 곡조를 모르는 사랑의 노래는 님의 침묵을 휩싸고 돕니다." 누구나 첫사랑에 대한 애잔한 기억이 있다. 그 사람과 헤어진 후 그 사람을 잊으려 하면 할수록 더욱 더 그 사람은 잊혀지지 않는다. 이것을 철학자 하이데거의 말로 표현하면 부재 속의 현존(presence in absence)이다. 반대로 현존 속의 부재(absence in presence)도 있다. 결혼해서 10년이 넘게 같이 살면 부부이지만 친구처럼 느껴진다. 부부 일심동체라는 말도 있다. 따라서 두 사람이 존재하지만 한 사람이 존재하는 것처럼 느껴진다. 이것이 바로 현존 속의 부재(absence in presence)이다.

∞ monkey와 ape

원숭이에는 monkey와 ape가 있다. monkey와 ape은 차이가 있다. monkey는 꼬리가 있는 원숭이를 의미하고 ape은 꼬리가 없는 원숭이 즉 오랑우탄, 침팬지 등을 의미한다. 따라서 monkey와 ape의 구분은 꼬리의 있고 없음에 있다.

제 5 장

하루 1분 영어

🐙 유토피아(Utopia)

이상향을 뜻하는 영어는 utopia이다. 영어 'u-'는 'not'의 의미를 가지고 있고 'topia'는 '장소'라는 뜻을 가지고 있다. 다시 말해서 'utopia'란 'never never land' 즉 아무 곳에도 존재하지 않는 장소를 의미한다. 이상향은 우리의 마음속에 있다는 뜻이다.

이상향을 뜻하는 말로 무릉도원이 있다. 무릉도원은 도연명의 「도화원기」와 관련 있다. 한 어부가 밖에 나가 보니 복숭아꽃이 물에 떠다니고 있었다. 그곳을 따라 가다 보니 동굴이 있었고 그 곳으로 들어가니 많은 사람들이 술을 마시면서 즐겁게 지내고 있었다. 그는 술을 얻어 마시고 즐겁게 지내다가 동굴을 나와서 자기가 있던 곳으로 돌아갔다. 후에 다시 그곳을 찾으려 하니까 흔적 없이 사라졌다는 이야기이다. 이상향은 영어로 utopia이다.

🐙 비스킷

과자 중에 비스킷이 있다. 그런데 비스킷의 뜻을 알고 있는 사람은 많지 않다. 비스킷(biscuit)을 어원적으로 분석하면 bis-는 '두 번'이라는 뜻이고 -cuit은 '요리하다'는 뜻이다. 다시 말해서 biscuit은 두 번 굽는 다는 뜻이다. 두 번 구우니 과자가 바삭 바삭한 것이다. 예전에 CF에서 동원 양반 김을 광고할 때 "좋은 김만 골라 살짝 잠재워서 살짝 살짝 두 번 구운 동원 양반김"이라는 내용이 화제였다. 동원 양반 김만 두 번 굽는 것이 아니다. 비스킷도 두 번 굽는다.

🐙 다람쥐 쳇바퀴 도는 영어

가령 김 대리가 영어를 공부하기 위해 어학원에 등록했다고 가정해 보자. 그는 처음에는 "Hello", "How are you?", "I'm fine. Thank you. And you?" 등의 아주 기초적인 영어 회화 수업을 받는다. 점점 회화의 수준이 높아지면서 그는 어학원에 더 다녀야 할지 말아야 할지에 대해 깊은 고민에 빠진다. 그래서 몇 달을 영어 공부 안 하다가 다시 어학원에 등록하면 다시 "Hello", "How are you?", "I'm fine. Thank you. And you?"를 배운다. 영어 공부는 항상 이 수준을 벗어나지 못한다.

　미국에서 한국인 두 사람이 싸워서 한 사람의 눈이 파랗게 멍들었다. 제보를 받고 경찰이 왔다. 경찰이 눈이 파랗게 멍든 사람에게 "How are you?"라고 물었다. 그러자 그가 이렇게 대답했다고 한다. "I'm fine. Thank you. And you?"

제
5
장

하루 1분 영어

팝송 299 You mean everything to me.

"당신은 나에게 가장 소중한 사람입니다"를 영어로 무엇이라고 할까? 정답은 "You mean everything to me."이다. 이 표현은 팝송 제목이기도 하다. 가수 네일 세다카가 불렀다.

이 노래에서 멋진 부분은 이 부분이다.

If you should ever ever go away,

There would be lonely tears to cry.

The sun above would never shine again.

There would be teardrops in the sky.

만약 당신이 어디론가 떠나버린다면

나에게 남는 것은 외로운 눈물뿐입니다.

하늘의 태양은 결코 빛나지 않을 것이며

하늘에는 내가 흘려 놓은 눈물방울만이 남아있을 것입니다.

하늘의 태양이 빛나지 않고 하늘에는 눈물방울만이 있다는 것은 엄청난 과장이지만 남자의 여자에 대한 진심 어린 사랑의 표현이다.

팝송 300 **Beat it!**

내가 중학교에 다닐 때 라디오로 미국의 가수 마이클 잭슨의 노래 "Beat it!"이 흘러나왔다. 나는 이 노래가 "삐레"로 들렸다. 그래서 마음속으로 "저 가수는 뭐가 빨갛다고 그러지?"라고 생각한 적이 있었다.

그럼 "Beat it!"의 뜻은 무엇일까? 정답은 "꺼져!"이다. "제발 꺼져."는 영어로 "Beat it for the peace of mankind"라고 한다. 'for the peace of mankind.'는 '제발'이라는 뜻을 가지고 있다. 다른 표현으로 "Get out of here, please."가 있다. 이 표현은 빨리 발음하면 "게라우러비얼"로 들린다.

문제 301 **three things that man can not hide**

"사람이 숨길 수 없는 것 세 가지"를 영어로 무엇이라고 할까?

정답은 "three things that man can not hide"이다. 그럼 사람이 숨길 수 없는 세 가지가 무엇일까? 정답은 사랑(love), 기침(coughing), 가난(poverty)이다. 숨길 수 없는 것을 숨기려고 하는 것도 잘못이다. 숨기려고 하면 할수록 사랑과 기침과 가난은 더욱 눈에 잘 보인다. 사랑하면 고백하고, 기침하면 소리 내어 하고, 가난하면 당당히 가난하다고 밝혀라. 사랑과 기침과 가난은 죄가 아니다. 당당하게 자신의 상태를 표현하는 것이야말로 진정

제
5
장

하루 1분 영어

한 자기 표현이다.

문학작품 302 **Business is business.**

"인정사정 볼 것 없다."를 영어로 무엇이라고 할까? 정답은 "Business is business."이다. 직역하면 "사업은 사업이다."이다. 미국의 극작가 아서 밀러의 희곡 『세일즈맨의 죽음』에 나오는 주인공 윌리 로먼은 그의 친구와 회사를 만들었는데 친구는 자기 아들에게 회사를 물려주었다. 친구의 아들은 윌리 로먼을 해고하면서 이렇게 말한다. "Business is business." 친구의 아들은 윌리 로먼이 더 이상 회사에 도움이 되지 않는다고 평가한 것이다. 그래서 "인정사정 볼 것 없다."를 영어로 "Business is business." 라고 한다.

문학작품 303 **Love looks not with the eyes, but with the mind, and therefore is winged Cupid painted blind.**

이 문장을 번역하면 "사랑은 눈이 아니라 마음으로 보는 것, 그래서 날개 달린 사랑의 천사 큐피드는 장님으로 그려져 있는 거지."라는 뜻이다. 이 문장은 'A가 아니라 B이다' 라는 뜻을 가진 영어 문법 'not A but B'의 구조가 들어있고 영어 'winged'는

'날개'라는 뜻을 가진 'wing'에 '-ed'가 붙어서 '날개가 달린'이라는 뜻이다. 이 문장은 셰익스피어의 희극 『한여름 밤의 꿈』에 나오는 대사다. 사랑은 마음으로 본다는 말이 멋지게 들린다. 그래서 천사 큐피드가 장님으로 그려졌다고 말하는 셰익스피어는 역시 천재적인 작가이다.

문학작품 304 **Over my dead body**

"내 눈에 흙이 들어갈 때까지는 안 돼."를 영어로 무엇이라고 할까?

정답은 "Over my dead body"이다. 직역하면 "나의 시체 위에"이다. 다시 말해서 "나는 죽기 전까지는 나의 주장을 꺾지 않겠다."라는 의미이다. 펄벅은 미국의 소설가이다. 그녀가 쓴 『대지』의 주인공 왕룽은 열심히 농사를 지어 대지주가 된다. 왕룽은 자식들이 논을 팔자고 이야기할 때에 "내 눈에 흙이 들어갈 때까지는 나는 논을 팔지 않겠다."라고 이야기한다. "내 눈에 흙이 들어갈 때까지"라는 말은 자신의 주장을 절대로 꺾지 않겠다는 의지의 표현이다.

(제 5 장 하루 1분 영어)

문학작품 305 The gull sees farthest who flies highest.

"가장 높이 나는 새가 가장 멀리 본다."를 영어로 무엇이라고 할까?

정답은 "The gull sees farthest who flies highest."이다. 영어 'farthest'는 'far'의 최상급으로 '(거리상으로) 가장 멀리'라는 뜻을 가지고 있다. 이 말은 리차드 바크의 『갈매기의 꿈』에 나오는 말이다. 이 소설은 1970년 미국에서 발표된 우화소설로 끊임없이 이상을 실현시키는 사람을 갈매기에 비유하여 인생의 소중함을 깨닫게 해주는 작품이다.

영화 제목 306 Catch me if you can.

톰 행크스와 레오나르도 디카프리오 주연의 영화 'Catch me if you can'이 있다. 그럼 "Catch me if you can"을 우리말로 번역하면 무엇일까? 정답은 "잡을 수 있으면 잡아봐"이다. 우스갯소리로 "나 잡아봐라"이다. 수표 지능 사기범 프랭크와 이를 쫓는 FBI 최고 요원 칼 핸러티의 추적 이야기이다.

영화 명대사 307 Tomorrow is another day.

"내일은 또 다른 태양이 뜬다."를 영어로 무엇이라고 할까? 정답은 "Tomorrow is another day."이다. 직역하면 "내일은 또 다른 날이다."라는 뜻이다. 이 작품은 미국의 남북전쟁을 배경으로 쓴 소설 『바람과 함께 사라지다』의 마지막 부분에서 여주인공 스칼렛 오하라가 연인 레트 버틀러가 자신을 떠난 후 한 말이다.

누구도 미래에 대해 알 수 없다. 그 미래에 대한 희망은 낙관적인 것이 좋다. 해는 어제도 오늘도 내일도 항상 떠오른다. 그러나 해는 떠오를 때마다 새로운 것이다. 희망 없는 삶은 고통인 것이다.

영화 명대사 308 Always set your dreams high.

"꿈은 항상 크게 가져야 하는 거야."를 영어로 무엇이라고 할까?

정답은 "Always set your dreams high."이다. 이 대사는 영화 〈아이 앰 샘〉에 나오는 대사다. 정신 지체를 앓고 혼자서 딸 루시를 키우고 있는 샘은 법원으로부터 정신 지체이므로 그의 딸 루시를 키울 수 없다는 판결을 받게 되고 루시가 시설에 맡겨지면서 둘은 떨어져 살게 된다. 샘은 커피 전문점에서 일을 한다. 그가 어느 날 딸 루시를 만나면서 하는 말이다. 잠자면서 꾸는 꿈과 미래에 대한 꿈 모두 영어로 dream이라고 한다. 꿈이 없는 것은 죽은 것과 같다.

영화 명대사 309 I'm also just a girl, standing in front of a boy, asking him to love her.

"나도 그저 한 남자 앞에 서서 사랑을 바라는 한 여자일 뿐이에요." 이 대사는 영화 〈노팅힐〉에 나오는 대사이다. 영국 노팅힐에서 여행 전문 서점을 운영하는 윌리엄 데커는 길을 가다가 음료수를 안나 스콧에게 쏟게 된다. 이 일을 계기로 두 사람은 사랑에 빠지게 된다. 안나는 세계적으로 유명한 여배우다. 윌리엄은 안나에게 "당신과 나는 너무나 차이가 많이 나요."라고 이야기한다. 이때 안나가 하는 대사이다. 이렇게 멋지고 아름다운 여자가 구애하는데 반하지 않을 남자가 있을까?

영화 명대사 310 We are all travelling through time together, every day of our lives.
All we can do is do our best to relish in this remarkable ride.

"우리는 삶 속의 매일을 여행하고 있다. 우리가 할 수 있는 건이 훌륭한 여행을 즐기기 위해 최선을 다하는 것이다."

이 말은 영화 〈어바웃 타임〉에 나오는 대사이다. 우리가 사는하루하루는 여행의 연속이다. 그 여행이 실제 여행이든 내면 의식으로의 여행이든 여행은 여행이다. 이왕 하는 여행이라면 즐기는 것이 좋은 여행의 비결이다.

영화명대사 311 The night is darkest just before the dawn. And I promise you, the dawn is coming.

"밤은 새벽이 오기 전에 가장 어둡죠. 약속하건데 이제 곧 새벽이 올 겁니다."

이 말은 영화 〈배트맨 다크 나이트〉에 나오는 대사이다.

새벽이 오기 전의 밤은 밝은 여명을 비추기 위해 마지막 어둠을 최대한 쏟아 붓는다. 어둠이 지나야 밝음이 오기 때문이다. 이 말은 시련을 잘 견디면 행복이 찾아온다는 의미이다.

영화 명대사 312 He's a prosecutor in cell nine.

"그는 9번 방의 검사야."를 영어로 무엇이라고 할까?

정답은 "He's a prosecutor in cell nine."이다. 영화 〈7번방의 선물〉에 나오는 말이다. 세포를 현미경으로 관찰해보면 작은 방들이 여러 개 있는 것처럼 보이는데 감옥도 작은 방들이 여러 개 있어서 영어에서는 cell이 감옥이라는 뜻도 가지고 있다. 9번 방은 영어로 'cell nine'이라고 한다.

뮤지컬 대사 313 **I do not know when life will happen.**

2013년에 성남 아트센터에서 뮤지컬 〈캐치 미 이프 유 캔〉을 관람했다. 일본인 관람객들을 위하여 무대 오른쪽 화면에 일본어 자막이 이렇게 쓰여 있었다.

"いつ 何か 起きるか 人生は 分からない(이쯔 나니까 오끼루까 진세와 와까라나이)."

"언제 무슨 일이 일어날지 인생은 알 수 없어요."

"언제 무슨 일이 일어날지 인생은 알 수 없어요." 이 표현을 영어로 무엇이라고 할까? 정답은 "I do not know when life will happen."이다. 정말 인생은 언제 무슨 일이 일어날지 알 수 없다. 가난한 사람이 하루아침에 부자가 될 수도 있고 엄청난 부자가 하루아침에 거지로 전락할 수도 있다. 그것이 인생이다.

명언 314 **Quit while you're ahead.**

"박수 칠 때 떠나라."를 영어로 무엇이라고 할까? 정답은 "Quit while you're ahead."이다. 직역하면 "네가 앞에 있을 때 멈추어라."이다. "박수칠 때 떠나라."를 한자로 쓰면 '功成身退(공성신퇴)'인데 『도덕경』에 나오는 말이다. "공이 이루어지면 몸은 물러난다."라는 뜻이다. 이 말의 의미는 "다른 사람에게 존경을 받고 있을 때 그 자리를 떠나라."라는 말이다.

명연 315 Never too late to mend.

　"허물이 있으면 고치는 것을 꺼려하지 마라."를 영어로 무엇이라고 할까? 정답은 "Never too late to mend."이다. 직역하면 "고치기에 너무 늦은 것이 아니다."이다. "고치기에 너무 늦은 것이 아니다."라는 말은 허물을 충분히 고칠 시간이 있다는 의미다. "허물이 있으면 고치는 것을 꺼려하지 마라."는 한자로 '과즉물탄개(過則勿憚改)'라고 한다. 『논어』에 나오는 말이다. 우리는 다른 사람의 허물은 잘 발견해도 나 자신의 허물은 발견하기 힘들다. 자신의 허물이 있으면 발견해서 고치는 태도가 필요하다.

명연316 What counts in making a happy marriage is not so much how compatible you are, but how you deal with incompatibility.

　결혼과 관련해 러시아의 대문호 톨스토이가 한 말이다. 이 문장을 우리말로 어떻게 번역할까? "행복한 결혼 생활에서 중요한 것은 서로 얼마나 잘 맞는가보다 다른 점을 어떻게 극복하는가이다."이다. 이 문장은 'not so much A but B'의 구문이다. 해석은 'A라기보다는 B'이다.

『부활』, 『안나 카레니나』와 같은 대작을 썼던 톨스토이도 결혼 후의 삶은 그리 순탄하지 않았다. 사람들은 서로 사랑해서 결혼한다. 그런데 20년 이상 서로 다른 삶을 살아온 남녀가 만나서 결혼을 하면 서로 다른 것들이 너무나 많다. 그 차이를 인정하고 서로 맞추어 가는 것이야말로 진정으로 멋진 결혼 생활이다. 남편과 아내가 서로 좋아하는 취미를 함께 하는 것이 멋진 결혼 생활의 예이다. 여자는 공감해 주는 것을 좋아한다. 아내가 아플 때에는 "병원에 가봐요" 이렇게 이야기하기보다는 "많이 아프겠네요. 당신이 아프니 나도 마음이 아파요." 이렇게 이야기하는 것이 더 멋진 표현이다.

명언317 Love does not consist in gazing at each other, but in looking together in the same direction.

"사랑은 둘이서 마주보는 것이 아니라 서로 같은 방향을 바라보는 것이다." 이 말은 소설 『어린 왕자』로 유명한 프랑스의 작가 겸 비행사였던 생텍쥐베리가 『인간의 대지』에서 한 말이다. 마주보는 사랑은 오래가지 못하지만 같은 곳을 바라보는 사랑은 오래간다. 이 문장은 문법적으로 'not in A but in B'의 구조로 되어 있다. 이 표현은 'A에 있는 것이 아니라 B에 있다'의 구조다.

사랑은 서로를 이해하고 서로 맞추어주고 배려하는 데 있다. 아내가 슬퍼하면 옆에서 위로해주고 아내가 기뻐하면 함께 기뻐해주는 것이 멋진 사랑이다. 첫눈에 반한 마주 보는 사랑은 잠깐이지만 인생의 동반자로서 서로 같은 방향을 바라보는 사랑은 영원하다.

명언 318 If you talk ill of others, think about your backbiting.

"남을 험담하면 자신에 대한 험담이 돌아오는 줄 알아라."라는 뜻이다. 'backbiting'은 직역하면 뒤에서 물기이고 험담을 의미한다. 영어 'talk well of'는 '~을 좋게 말하다'라는 뜻이며 'speak well of'와 뜻이 같고, 'talk ill of'는 '~을 나쁘게 말하다'라는 뜻이고 'speak ill of'와 뜻이 같다.

다산 정약용 선생은 돌에게도 나쁜 말을 하지 말라고 하시면서 돌에 품평석이라는 이름을 붙였다고 한다. 남에게 험담하면 그것은 다시 자신에게 돌아온다. 사람들은 자신의 단점을 등 뒤에 메고 있어서 자신의 흠은 모르고 등 뒤에 메고 있는 다른 사람의 흠은 잘 본다고 한다. 다른 사람을 험담하기보다는 그 사람의 장점을 칭찬해주는 사람이 멋진 사람이다.

명언 319 You might as well enjoy the pain that you cannot avoid.

"You might as well enjoy the pain that you cannot avoid." 이 말의 뜻은 무엇일까? "피할 수 없는 고통은 즐겨라."이다. 직역하면 "당신은 당신이 피할 수 없는 고통을 즐기는 편이 낫다."이다. 영어에서 'might as well'은 '~하는 편이 낫다'라는 뜻이다. 내가 해야 할 일이라면 피하기보다는 즐기면서 정면 승부하라는 의미다. 이 말은 하버드대 도서관에 쓰여 있는 글이라고 한다. 내가 논산 훈련병 시절에 연병장에도 쓰여 있던 글이다. 당신은 지금 어떤 일을 마지못해 하고 있는가? 즐기면서 하고 있는가? 일을 마지못해 하면 숙제가 되지만 일을 즐기면서 하면 축제가 된다.

명언 320 Confessions of love sound sweeter when it is exaggerated.

"사랑의 고백은 허풍일수록 더 감미롭다."를 영어로 무엇이라고 할까? 정답은 "Confessions of love sound sweeter when it is exaggerated."이다. 직역하면 "사랑의 고백들은 그것이 과장될 때 더 달콤하게 들린다."이다. 가수 이장희의 노래 중에 〈나 그대에게 모두 드리리〉가 있다. 가사 중에 "별을 따다가 그대 두 손에 모두 드리리."라는 말이 나온다. 남자들이 여자들에게 밤하늘의 별을 따준다는 것은 허풍 가운데에서도 최고의 허풍이다. 여자들은 그런 남자들의 허풍이 거짓인 줄 알면서도 달콤하게 느낀다. 남자는 시각(보이는 것)에 강하고 여자는 청각(들리는 것)에 강하기 때문이다.

명언 321 Life is a tragedy when seen in close-up, but a comedy in long-shot.

"인생은 가까이서 보면 비극이지만 멀리서 보면 희극이다."를 영어로 무엇이라고 할까?

정답은 "Life is a tragedy when seen in close-up, but a comedy in long-shot."이다. 이 말은 무성 영화의 대부 찰리 채플린이 한 말이다. 그 당시에는 슬프고 힘들었던 일들도 지나고 보면 즐거운 추억이 된다. 인생을 가까이서 본다는 것은 현실과 맞부딪힐 때이고 멀리서 본다는 건 한 발 물러서서 인생을 본다는 의미이다.

명언 322 Luck is what happens when preparation meets opportunity.

"행운은 준비가 기회를 만났을 때 찾아온다." 이 표현을 영어로 무엇이라고 할까?

하루 1 분 영어

정답은 "Luck is what happens when preparation meets opportunity."이다. 직역하면 "운은 준비가 기회를 만났을 때 일어나는 것이다."이다. 이 표현은 1세기 중엽 로마의 지성인 세네카가 한 말이다. 그는 네로황제 재위 초기에 동료들과 함께 로마의 실질적 통치자이며 문학가였다.

준비가 되지 않은 사람은 아무리 기회가 찾아와도 그 기회를 이용할 수 없다. 강태공은 주나라 문왕을 도와 주나라를 건국한 일등 공신인데 그는 위수라는 강에서 곧은 낚시를 물에 넣고 낚시를 한다. 그 소식은 왕에게까지 들리고 주문왕은 그를 등용해서 강태공의 도움으로 훌륭한 업적을 이룬다. 강태공은 준비된 자였기 때문에 등용된 후 은나라를 격파하고 제후로 봉해진다.

명언 323 Ask not what your country can do for you-ask what you can do for your country.

"국가가 당신을 위해 무엇을 할 수 있는지 묻지 말고 당신이 국가를 위해 무엇을 할 수 있는지 물어보라." 이 말은 미국의 대통령 John.F. Kennedy 대통령 취임 연설문 가운데 한 문장이다. 우리는 항상 주기보다는 받기를 원한다. 누군가에게 받기만 하는 소극적 태도보다는 누군가를 위해서 무언가를 해주는 적극적 태도가 중요하다. 이런 적극적 태도가 사회를 보다 발전적인 방향으로 나아가게 만든다.

명언 324 Life is mission.

"삶은 임무이다."를 영어로 무엇이라고 할까? 정답은 "Life is mission."이다. 영어 'mission'은 '선교'라는 뜻이지만 '임무'라는 뜻도 가지고 있다. 이 말은 스위스의 위대한 사상가인 칼 힐티(Karl Hilthey)가 한 말이다. 아프리카의 성자라고 불리며 아프리카인들을 치료한 슈바이처 박사가 자신의 삶의 임무를 성실히 수행한 예라고 할 수 있다. 슈바이처 박사는 이 세상의 사람들은 크게 두 부류로 나눌 수 있다고 말했다. '돕는 자(helpers)'와 '돕지 않는 자(non-helpers)'이다. 돕는 자가 될 것인가? 돕지 않는 자가 될 것인가? 선택은 당신에게 달렸다.

명언 325 I love you. & Thank you.

여자들이 이 세상에서 죽을 때까지 남자들에게 듣고 싶은 말은 "사랑해."이고 남자들이 이 세상에서 죽을 때까지 여자들에게 듣고 싶은 말은 "고마워."라고 한다. 남성들은 여성들에게 매일 "사랑해."라고 이야기해보라. 남자들은 "사랑해."라고 한 번 말하면 그 말이 평생 간다고 생각하지만 여자들은 "사랑해."라는 말의 유통기한이 하루를 넘지 않는다고 생각한다. 여성들은 남성들에게 "고마워."라고 이야기해보라. 여자들은 "고마워."라고 한 번 말하면 그 말이 평생 간다고 생각하지만 남자들은 "고마워."라는 말의 유통기한이 하루를 넘지 않는다고 생각한다. 이 두 단어들은 아주 쉬운 말이지만 잘 쓰이지 않는 단어이다.

명언 326 Spring is coming soon. But I can't see it.

뉴욕의 어느 거리에서 한 장님이 구걸을 하기 시작했다. 그는 가슴에 간판을 달고 글을 썼다. 글의 내용은 "I am blind."였다. 그러나 깡통에 돈을 던지고 가는 사람이 거의 없었다. 이 말의 뜻은 "나는 장님이다."이다. 얼마 후 거리를 지나가던 한 신사가 장님의 가슴에 있는 팻말을 바꾸어 주었다. 그 후 행인들은 돈을 깡통에 넣기 시작했다. 팻말에는 이렇게 쓰여 있었다. "Spring is coming soon. But I can't see it(봄은 왔지만 저는 봄을 볼 수 없어요.)" 이 글을 쓴 사람은 프랑스의 시인 앙드레 브르통이다. 이처럼 문학은 우리 삶에 있어서 오아시스 같은 존재이다.

명언 327 Joy and sorrow are next door neighbors.

"음지가 양지 되고 양지가 음지 된다."를 영어로 무엇이라고 할까?

정답은 "Joy and sorrow are next door neighbors."이다. 직

역하면 "기쁨과 슬픔은 옆문의 이웃들이다."이다. 이 말의 의미는 "사람의 운수는 늘 돌고 돌고 변한다."이다. 음지가 항상 음지만 되지 않는 것이 세상 이치다. 또한 양지가 항상 양지만 되지 않는 것도 세상 이치이다.

명언 328 The customer is always right.

"고객이 왕이다."를 영어로 무엇이라고 할까? 정답은 "The customer is always right."이다. 직역하면 "고객이 항상 옳다."이다. "고객이 왕이다."를 "The customer is the king."이라고 영작하면 콩글리시다. "고객이 왕이다."라는 말은 고객이 잘해도 잘못해도 항상 옳다는 뜻으로, 고객을 최상으로 모셔서 고객이 자신이 왕처럼 느끼도록 하는 것이 최상의 서비스이다.

영역 329 An Island

섬/정현종

사람들 사이에 섬이 있다

그 섬에 가고 싶다

이 시를 영작하면 다음과 같다.

An Island

There is an island among people.

I want to go to the island.

영문법에서 'a'와 'the'의 차이를 이야기하면 'a'는 부정관사로 불특정한 명사를 말할 때 쓰이고 'the'는 정관사로 특정한 명사를 말할 때 쓰인다. 섬이라는 단어가 처음 나오면 'an'을 쓰고 두 번째 나오면 'the'를 쓴다. 영어 'among'은 '셋 이상의 사람 사이에'라는 뜻이고 'between'은 '둘 사이에'라는 뜻이다. 이 시에 나오는 섬은 섬 그 자체이기도 하지만 사람들 간의 소통이면서 동시에 소통의 단절을 의미한다. 이렇게 한 단어가 여러 가지 의미를 담고 있는 것이 바로 영국의 시인 겸 비평가 엠프슨이 말하는 애매성이다. 애매성(ambiguity)이 많을수록 좋은 시다.

₳ 일상에서 자주 쓰이는 콩글리시들의 예

콩글리시(broken English)	잉글리시(English)
hip(허리와 다리를 이어주는 둔부)	butt
mixer	blender
back mirror	driving mirror, rear view mirror
Fighting!	Go for it!
리모컨	remote control
노트북	laptop
콘센트	socket, outlet
멀티탭	power strip
깁스	cast
호치키스(hotchkiss)	stapler
ball pen	ball point pen
기초화장품 skin	toner
rinse	conditioner
running machine	treadmill
health	weight training, working out
헬스 클럽	gym, fitness club

제
5
장

하루 1분 영어

After Service	Warranty Service
desk stand	desk lamp
morning call	Wake up call

휘발유 oil	gas, gasoline
오토바이	motorcycle, motorbike
gagman/gagwoman	comedian
바캉스	vacation
cider	soda pop, sprite
gas range	gas stove
mannerism	habitual behavior(습관적 행동)
vinyl bag	plastic bag
set menu	combo
sun cream	sun block

one shot	bottoms up(건배) '밑바닥이 위로'라는 뜻
car center	(car) repair shop
cutline	cut-off point
quick service	express delivery(고속 배달)

pocket ball	pool
red tea	black tea
오피스텔(officetel)	office hotel
one room	studio
Let's Dutch pay(각자 부담하자).	Let's go Dutch.
go backpack travel(배낭여행을 가다)	go on a backpack trip, go backpacking

제 5 장

하루 1 분 영어

부록

순번	분류	영어	우리말
1	단어	cockroach	바퀴벌레
2	단어	galaxy	은하수
3	단어	outstanding	눈에 띄는
4	단어	sympathy	공감/동정심
5	단어	subway	지하철
6	단어	laundry	세탁물
7	단어	specification	스펙
8	단어	your majesty	폐하(陛下)
9	단어	the fifth column	스파이
10	단어	draft beer	생맥주
11	단어	blue ocean	경쟁 없는 유망 시장
12	단어	slang	은어(隱語)
13	단어	overbooking	초과 예약
14	단어	honeymoon	신혼여행
15	단어	Korean mono opera	판소리

16	단어	blog	블로그
17	단어	Teletubby	텔레토비(전파 뚱땡이)
18	단어	king card, queen card	아주 멋진 남자, 아주 멋진 여자
19	단어	ostrich man	현실에 안주하지 못하는 사람
20	단어	Caesarian operation	제왕절개 수술
21	단어	breakfast	아침 식사
22	단어	untouchable	불가촉천민/상위 1%의 우정
23	단어	extract	추출물
24	단어	carrot and stick	회유책과 강경책
25	단어	meeting	남녀 간의 만남/회의
26	단어	intelligence quotient	지능 지수
27	단어	turn signal	깜빡이
28	단어	acquired taste	획득된 입맛
29	단어	skirt meat	갈매기 살

30	단어	atom	원자
31	단어	appendix	맹장/부록
32	단어	two cops	두 경찰들
33	단어	jellyfish, starfish, catfish	해파리, 불가사리, 메기
34	단어	block	동네, 사각형 덩어리, 막다
35	단어	window shopping	진열장 쇼핑
36	단어	bear	1)곰 2)지니다 3)참다 4)낳다
37	단어	eco	환경, 자연
38	단어	couch potato	편안한 자세로 소파에 누워서 TV를 보는 사람
39	단어	wisdom tooth	사랑니
40	단어	Foot in the door technique	문 안에 한 발 들여놓기 기법
41	단어	positioning	고객의 마음에 자리 잡기
42	단어	paleolithic age	구석기 시대

43	단어	suite	특실
44	단어	appellation	이름 붙이기
45	단어	highly-recommended	강추
46	단어	scarecrow	허수아비
47	단어	rule of thumb	눈대중
48	단어	cable car	밧줄 차
49	단어	Doing against one's will	억지 춘향
50	단어	heart attack	심장 마비
51	단어	Angkor Wat	사원의 도시
52	단어	a rain gauge	측우기
53	단어	The Leaning Tower of Pisa	피사의 사탑
54	단어	cheating	부정행위
55	단어	caldera	화산의 원형 침몰 지형
56	단어	comp day	월차휴가
57	단어	Lipo & lipo-	이백 & 지방질

58	단어	mechanical pencil	샤프 연필
59	단어	flipped class	거꾸로 수업
60	단어	bright smile	밝은 미소
61	단어	crossroad	사거리
62	단어	wet firewood	희나리
63	단어	culture & civilization	문화/문명
64	단어	transfer	환승
65	관용적 표현	I'm into English.	나는 영어에 빠졌다.
66	관용적 표현	I'm on top of the world.	나는 기분이 아주 좋다.
67	관용적 표현	I don't know the ps and qs about English.	나는 영어의 영자도 모른다.
68	관용적 표현	within a stone's throw	엎어지면 코 닿을 데
69	관용적 표현	You take my breath away.	나는 당신에게 반했습니다.
70	관용적 표현	I'll keep my fingers crossed for you.	당신에게 신의 가호가 있으시기를

71	관용적 표현	It's damn cold.	날씨가 너무 춥다.
72	관용적 표현	Made in heaven	천생연분(天生緣分)
73	관용적 표현	A Jack of all trades	팔방미인(八方美人)
74	관용적 표현	My boss likes red tape.	나의 상사는 관료주의를 좋아해.
75	관용적 표현	You are dressed to kill.	멋지게 차려 입었다.
76	관용적 표현	He lives from hand to mouth.	그는 그날 벌어 그날 산다.
77	관용적 표현	Put yourself in another's shoes.	역지사지(易地思之)
78	관용적 표현	Cat got your tongue?	꿀 먹은 벙어리니?
79	관용적 표현	I heard it through the grape vine.	풍문으로 들었어요.
80	관용적 표현	I will eat my hat.	내 손에 장을 지지겠다.
81	관용적 표현	I slept like a log.	나는 세상모르고 잤다.

82	관용적 표현	Let sleeping dogs lie.	긁어 부스럼 만들지 마라.
83	관용적 표현	Don't spill the beans.	비밀을 누설하지 마라.
84	관용석 표현	It's raining cats and dogs.	비가 억수같이 내리고 있다.
85	관용적 표현	He is second to none in music.	음악에 있어서는 그는 누구에게도 뒤지지 않는다.
86	관용적 표현	I have butterflies in my stomach.	나는 초조하다.
87	관용적 표현	Your mind is somewhere else.	네 마음이 콩밭에 있다.
88	관용적 표현	I have a snake in my boots.	나는 알코올 중독이다.
89	관용적 표현	You are a fish out of water.	너는 독 안에 든 쥐다.
90	관용적 표현	I can drink everybody under the table.	나는 술이 아주 세다.
91	관용적 표현	You stood me up yesterday.	당신은 어제 나를 바람 맞혔다.

92	관용적 표현	Don't beat around the bush.	빙빙 돌려 말하지 마.
93	관용적 표현	He hit the ceiling.	그는 화가 머리끝까지 났다.
94	관용적 표현	A pin might have been heard to fall.	쥐 죽은 듯이 고요했다.
95	관용적 표현	Every Tom, Dick and Harry	어중이떠중이
96	관용적 표현	I picked up some English.	나는 영어를 어깨 너머로 배웠다.
97	관용적 표현	I blew it.	나는 기회를 놓쳤다.
98	관용적 표현	go viral	유행하게 되다.
99	관용적 표현	I'm under the weather.	나 저기압이야.
100	관용적 표현	Don't be a back seat driver.	잔소리 좀 하지 마라.
101	관용적 표현	It's boiling hot.	날씨가 너무 덥다.
102	관용적 표현	Would you give me a big hand?	제게 박수 좀 보내주시겠습니까?

103	관용적 표현	Reading is to the mind what food is to the body.	독서와 마음의 관계는 음식의 육체에 대한 관계와 같다.
104	관용적 표현	The stork brought you.	너는 다리 밑에서 주워왔어.
105	관용적 표현	Hang in there.	참고 견뎌봐.
106	관용적 표현	I am all ears.	잘 듣고 있어.
107	관용적 표현	I'm between jobs.	나 실직 상태야.
108	관용적 표현	Don't put your nose into another's business.	남의 집 제사에 감 놔라 대추 놔라 한다.
109	관용적 표현	Who brings home the bacon?	누가 경제권을 책임지고 있죠?
110	관용적 표현	Keep(Hold) your head up.	떳떳하게 처신해.
111	관용적 표현	If a pig had wings, it could fly.	해가 서쪽에서 뜨겠다.

112	관용적 표현	*Hamlet* without the prince of Denmark	앙꼬 없는 찐빵 (오아시스 없는 사막)
113	관용적 표현	You're burning money.	너는 돈을 물 쓰듯이 쓴다.
114	관용적 표현	I'm still hungry.	간에 기별도 안 간다.
115	관용적 표현	The book sells like hot cakes.	그 책은 날개 돋친 듯이 팔린다.
116	관용적 표현	He sat on a pile of money by investing in stocks.	그는 주식 투자로 돈 방석에 앉았다.
117	관용적 표현	We click very well together.	우리는 죽이 잘 맞아요.
118	관용적 표현	Will you give me your hand?	저와 결혼해 주시겠습니까?
119	관용적 표현	He has a wide acquaintance.	그는 마당발이다.
120	관용적 표현	Something's fishy.	뭔가 수상쩍다.
121	관용적 표현	You're wasting your breath.	말해봤자 네 입만 아플 거야.

122	관용적 표현	She is the apple of my eye.	그녀는 눈에 넣어도 아프지 않아요.
123	관용적 표현	He has clean hands.	그는 결백해.
124	관용적 표현	Who will bell the cat?	누가 위험한 일을 자처하지?
125	관용적 표현	He's robbing the cradle.	그는 연하의 상대와 교제하고 있다.
126	관용적 표현	A little bird told me.	소문으로 들었다.
127	관용적 표현	I burned my bridges.	나는 배수의 진을 쳤다.
128	관용적 표현	I'm on the teacher's bad side.	저는 선생님에게 찍혔어요.
129	관용적 표현	He's got the ball.	칼자루를 쥔 건 그이다.
130	관용적 표현	I have goose flesh.	닭살 돋네요.
131	관용적 표현	I've learned enough.	나는 배울 만큼 배웠어.

132	관용적 표현	Hold your horses.	서두르지 마.
133	관용적 표현	He is behind bars.	그는 감옥에 있다.
134	관용적 표현	Don't brush me off.	날 물로 보지 마.
135	관용적 표현	Money talks everything.	돈이면 다 된다.
136	속담	A piece of cake	식은 죽 먹기
137	속담	Every Jack has his Jill.	짚신도 짝이 있다.
138	속담	pie in the sky	그림의 떡
139	속담	Don't count your chickens before they are hatched.	떡 줄 사람은 생각지도 않는데 김칫국부터 마신다.
140	속담	Charity begins at home.	팔은 안으로 굽는다.
141	속담	It takes two to tango.	손바닥도 마주쳐야 소리가 난다.
142	속담	An empty vessel makes a big noise.	빈 수레가 요란하다.

143	속담	Birds of a feather flock together.	유유상종(類類相從)
144	속담	Danger past, God forgotten.	화장실 갈 때 다르고 올 때 다르다.
145	속담	Even Homer sometimes nods.	원숭이도 나무에서 떨어진다.
146	속담	You've cried wolf too many times.	네 말은 콩으로 메주를 쑨다고 해도 믿지 않는다.
147	속담	Today is the day.	가는 날이 장날이다.
148	속담	You scratch my back and I'll scratch yours.	가는 말이 고와야 오는 말이 곱다.
149	속담	Out of the frying pan into the fire	갈수록 태산
150	속담	Too many cooks spoil the broth.	사공이 많으면 배가 산으로 간다.
151	속담	Two heads are better than one.	백짓장도 맞들면 낫다.
152	속담	Talk of the devil and he is sure to appear.	호랑이도 제 말하면 온다.

153	속담	You cannot have an ice cream and eat it.	두 마리의 토끼를 잡을 수 없다.
154	속담	Strike while the iron is hot.	기회를 놓치지 마라.
155	속담	When in Rome, do as the Romans do.	로마에 가면 로마법을 따르라.
156	속담	A burnt child dreads the fire.	자라 보고 놀란 가슴 솥뚜껑 보고 놀란다.
157	속담	A black hen lays a white egg.	개천에서 용 났다.
158	속담	Appearances are deceptive.	열 길 물속은 알아도 한 길 사람 속은 모른다.
159	속담	A friend in need is a friend indeed.	어려울 때 친구가 진정한 친구이다.
160	속담	A stitch in time saves nine.	호미로 막을 데 가래로 막는다.
161	속담	A drowning man will catch at a straw.	물에 빠진 사람은 지푸라기라도 잡는다.

162	속담	Shrouds have no pockets.	공수래 공수거(空手來 空手去)
163	속담	Seeing is believing.	백문(百聞)이 불여일견(不如一見)
164	속담	An eye for an eye	눈에는 눈
165	속담	Nothing is complete unless you put it in final shape.	구슬이 서 말이라도 꿰어야 보배
166	속담	The grass is always greener on the other side of the fence.	남의 떡이 커 보인다.
167	속담	One swallow does not make a summer.	속단하지 마라.
168	속담	Walls have ears.	낮말은 새가 듣고 밤말은 쥐가 듣는다.
169	속담	The ends justify the means.	모로 가도 서울만 가면 된다.
170	속담	It is an old cow's notion that she never was a calf.	개구리 올챙이 적 생각 못한다.

171	속담	Sometimes it is difficult to get something very common for emergency use.	개똥도 약에 쓰려면 없다.
172	속담	Heavy work in youth is quite rest in old age.	젊어서 고생은 사서도 한다.
173	속담	To seek hot water under cold ice	우물 가서 숭늉 찾기
174	속담	Face the music.	울며 겨자 먹기
175	속담	So much for all our plans	닭 쫓던 개 지붕 쳐다본다.
176	속담	Hunger makes you do that.	목구멍이 포도청
177	속담	Little kids get hurt when big kids fight.	고래 싸움에 새우 등 터진다.
178	속담	Like a bolt out of the blue	아닌 밤중에 홍두깨
179	속담	Marital disputes never last long.	부부 싸움은 칼로 물 베기

180	속담	A soft answer turns away wrath.	말 한 마디에 천 냥 빚을 갚는다.
181	속담	Other things being equal, choose the better one.	이왕이면 다홍치마
182	속담	All things in their being are good for something.	굼벵이도 구르는 재주가 있다.
183	속담	The owl thinks her own young fairest.	고슴도치도 제 새끼는 예뻐한다.
184	속담	Are you adding fuel to the fire?	불난 집에 부채질합니까?
185	속담	As if on a fence	구렁이 담 넘어가듯
186	속담	Talent above talent	뛰는 놈 위에 나는 놈 있다.
187	속담	A blind man may sometimes catch the hare.	소경 문고리 잡기
188	속담	Begging for a compliment	엎드려 절 받기
189	속담	Can't get blood from a turnip.	벼룩의 간을 빼먹다.

190	속담	Many drops make a shower.	티끌 모아 태산 진합태산(塵合泰山)
191	속담	Look before you leap.	돌다리도 두드려보고 건너라.
192	속담	To teach a fish how to swim	공자 앞에서 문자 쓴다.
193	속담	Killing two birds with one stone	일석이조(一石二鳥)
194	격언	Everybody's business is nobody's business.	공동 책임은 무책임
195	격언	A good medicine tastes bitter.	좋은 약은 입에 쓰다.
196	격언	The pen is mightier than the sword.	문(文)은 무(武)보다 강하다
197	격언	The cobbler's children go barefoot.	대장간에 식칼이 없다.
198	격언	Beggars can't be choosers.	찬 밥 더운 밥 안 가린다.

199	격언	There is no rule but has some exceptions.	예외 없는 규칙은 없다.
200	사자성어/ 한자성어	So many men, so many minds.	각양각색(各樣各色)
201	사자성어/ 한자성어	Castle in the air	사상누각(沙上樓閣)
202	사자성어/ 한자성어	You are barking up the wrong tree.	동문서답(東問西答)
203	사자성어/ 한자성어	Icing on the cake	금상첨화(錦上添花) 케이크 위에 설탕 입히기
204	사자성어/ 한자성어	Misfortune on top of misfortune	설상가상(雪上加霜) 엎친 데 덮친 격
205	사자성어/ 한자성어	Diamond cuts diamond.	결자해지(結者解之) 맺은 자가 푼다.
206	사자성어/ 한자성어	The more, the better.	다다익선(多多益善) 많을수록 좋다.
207	사자성어/ 한자성어	Time flies like an arrow.	세월이 유수와 같다.
208	사자성어/ 한자성어	If at first you don't succeed, try again.	칠전팔기(七顚八起)

209	사자성어/ 한자성어	a winding road	구절양장(九折羊腸) 구불구불한 길
210	사자성어/ 한자성어	That's news to me.	금시초문(今始初聞/ 今時初聞)
211	사자성어/ 한자성어	I tossed and turned all night.	전전반측(輾轉反側 나는 밤새 잠 못자고 뒤척였어.)
212	사자성어/ 한자성어	As clear as the Sun	명약관화(明若觀火)
213	사자성어/ 한자성어	When his or her home is happy (harmonious), all goes well.	가화만사성(家和萬事 成)
214	사자성어/ 한자성어	I am looking forward to seeing you.	학수고대(鶴首苦待) 목이 빠지게 기다린 다.
215	사자성어/ 한자성어	I borrow from Peter to pay Paul.	임기응변(臨機應變)
216	사자성어/ 한자성어	A man's word is as good as a bond.	남아일언중천금(男兒 一言重千金)
217	사자성어/ 한자성어	Don't break a fly on the wheel.	견문발검(見蚊拔劍) 모기 보고 칼 뽑는다.

218	사자성어/ 한자성어	His life hangs by a hair(thread).	풍전등화(風前燈火) 바람 앞의 등불
219	사자성어/ 한자성어	Regret for his/her unkindness to his/ her parents when alive.	풍수지탄(風樹之嘆) 바람 맞은 나무의 한 탄
220	사자성어/ 한자성어	Teaching is learning.	교학상장(敎學相長) 가르치고 배우면서 서로 성장한다.
221	사자성어/ 한자성어	A big frog in a small pond	우물 안 개구리 (정저지와 井底之蛙)
222	사자성어/ 한자성어	Every minute seems like a thousand	일각(一刻)이 여삼추 (如三秋)
223	사자성어/ 한자성어	The man of Gi feared that the sky might fall.	기우(杞憂) 쓸 데 없는 걱정
224	사자성어/ 한자성어	He is at large.	그의 행방이 오리무 중(五里霧中)이다.
225	사자성어/ 한자성어	Waiting by a tree for a hare to turn up	수주대토(守株待兎) 그루터기를 지켜 토 끼를 기다린다.

226	사자성어/한자성어	Better to be the head of an ass than the tail of a horse.	닭 벼슬이 될망정 소 꼬리는 되지 마라.
227	사자성어/한자성어	A hundred arrows, a hundred hits.	백발백중(百發百中)
228	사자성어/한자성어	He bit the hand that feeds.	그는 배은망덕(背恩忘德)했다.
229	사자성어/한자성어	I have my own fish to fry.	오비삼척(吾鼻三尺) 내 코가 석자
230	사자성어/한자성어	a drop in the bucket	조족지혈(鳥足之血) 새 발의 피
231	회화	Fill it up, please	기름을 가득 채워 주세요.
232	회화	My mouth is watering.	입에서 군침이 돈다.
233	회화	I gained weight.	나 살쪘어.
234	회화	I had a flat tire.	타이어에 바람이 빠졌다.
235	회화	I ache all over.	온 몸이 아파요

236	회화	The scene is beyond description.	경치가 말로 형용할 수 없이 아름답다.
237	회화	Where is the toilet?	화장실이 어디에 있습니까?
238	회화	May I have your autograph?	싸인 좀 받아도 될까요?
239	회화	My sixth sense works well.	나는 직감이 있어.
240	회화	My lips are sealed.	비밀을 지킬게.
241	회화	Be my guest.	제가 모시겠습니다./ 당신 마음대로 해 봐.
242	회화	Believe it or not	믿거나 말거나
243	회화	Could you give me a rain check?	다음 기회로 하시죠.
244	회화	I broke up with him(her).	나는 그/그녀와 헤어졌다.
245	회화	I was born in the year of the monkey.	나는 원숭이띠이다.
246	회화	What a scene!	정말 가관이군!/ 꼴불견이다.

247	회화	I've seen everything.	살다 보니 별 일도 다 있네요.
248	회화	We cannot emphasize the importance of health too much.	건강의 중요성은 아무리 강조해도 지나치지 않다.
249	회화	Will you go out with me?	저와 함께 데이트 해 주시겠어요?
250	회화	Winter affects me a lot.	저는 유난히 겨울을 많이 타요.
251	회화	Say when.	언제 그만 따를지 말씀해 주세요.
252	회화	I haven't met my Mr. Right/Miss Right yet.	저는 아직 임자를 못 만났어요.
253	회화	Don't be a jaywalker.	무단횡단하지 마세요.
254	회화	Let's thumb a ride.	무임승차하자.
255	회화	He/She hasn't a clue.	그/그녀는 참 대책이 안 서는 아이야.
256	회화	It's time to wind up the watch.	시계 밥 줄 시간이다.

257	회화	Please propose a toast.	건배 제의 한 번 하시죠.
258	회화	He farted.	그는 방귀를 뀌었다.
259	회화	Are you a beer person or a wine person?	당신은 맥주를 좋아하시나요, 와인을 좋아하시나요?
260	회화	Busan dialect just came out.	부산 사투리가 막 튀어나왔네요.
261	회화	Stop acting coy.	내숭 좀 그만 떨어.
262	회화	Did you forget who I am?	내가 누구인지 잊었느냐?
263	회화	The words just escaped my lips.	무심결에 그런 말이 나왔어요.
264	회화	Am I transparent?	내가 너무 속 보이나요?
265	회화	My father passed away.	나의 아버지가 돌아가셨다.
266	회화	That was close.	아슬아슬했어.
267	회화	I'm browsing.	저는 구경만 할 뿐이에요.
268	약어	HD TV	고화질 TV

269	약어	F&B	식음료
270	약어	PX	군부대 내의 매점
271	약어	ET	외계인
272	약어	PRI	사격술 예비 훈련
273	약어	PR	홍보
274	약어	DDD	원거리 자동전화
275	약어	UFO	미확인 비행물체
276	약어	KATUSA	미군에 파견된 한국군
277	약어	FM	야전교범, 주파수 변조
278	약어	MC	사회자
279	약어	PPL	간접 광고
280	약어	SRT	초급행기차
281	약어	SWOT	강점, 약점, 기회, 위협
282	약어	LTE	장기간에 진화시킨 기술

283	약어	CD ROM	소형 음반 읽기 전용 기억 장치
284	약어	R. I. P. (Rest in Peace)	삼가 고인의 명복을 빕니다.
285	용어	one source, multi use	하나의 콘텐츠를 다양한 방식으로 판매하는 것
286	용어	deus ex machina	기계신: 주인공이 위험에 처해 있을 때 도와주는 외적 상황
287	용어	cocktail party effect	칵테일 파티 효과
288	용어	placebo effect	위약 효과
289	용어	Veblen effect	과시적 소비 효과
290	용어	swan song	시인이 죽기 전에 마지막으로 쓴 시
291	용어	green shower	산림욕
292	용어	working hard & hardly working	열심히 일하는 & 거의 일하지 않는
293	용어	the ostrich effect	타조 효과
294	이론	theory of use and disuse	용불용설(用不用說)

295	이론	law of diminishing marginal utility	한계 효용 체감의 법칙
296	이론	nudge theory	넛지 이론
297	한자	a vigorous old age	노익장(老益壯)
298	텅 트위스터	Charles was chasing the chicken in the kitchen.	찰스는 주방에서 병아리를 쫓고 있었다.
299	팝송	You mean everything to me.	당신은 나에게 가장 소중한 사람입니다.
300	팝송	Beat it!	꺼져.
301	문제	three things that man can not hide	사람이 숨길 수 없는 것 세 가지
302	문학작품	Business is business.	인정사정 볼 것 없다.
303	문학작품	Love looks not with the eyes, but with the mind, and therefore is winged Cupid painted blind.	사랑은 눈이 아니라 마음으로 보는 것, 그래서 날개 달린 사랑의 천사 큐피드는 장님으로 그려져 있는 거지.
304	문학작품	Over my dead body	내 눈에 흙이 들어갈 때까지는 안 돼.

305	문학작품	The gull sees farthest who flies highest.	가장 높이 나는 새가 가장 멀리 본다.
306	영화 제목	Catch me if you can	잡을 수 있으면 잡아 봐.
307	영화 명대사	Tomorrow is another day.	내일은 또 다른 태양 이 뜬다.
308	영화 명대사	Always set your dreams high.	꿈은 항상 크게 가져 야 하는 거야.
309	영화 명대사	I'm also just a girl, standing in front of a boy, asking him to love her.	나도 그저 한 남자 앞 에 서서 사랑을 바라 는 한 여자일 뿐이에 요.
310	영화 명대사	We are all travelling through time together, every day of our lives. All we can do is do our best to relish in this remarkable ride.	우리는 삶 속의 매 일을 여행하고 있 다. 우리가 할 수 있 는 건 이 훌륭한 여행 을 즐기기 위해 최선 을 다하는 것이다.
311	영화 명대사	The night is darkest just before the dawn. And I promise you, the dawn is coming.	밤은 새벽이 오기 전 에 가장 어둡죠. 약속 하건데 이제 곧 새벽 이 올 겁니다.

312	영화 명대사	He's a prosecutor in cell nine.	그는 9번 방의 검사야.
313	뮤지컬 대사	I do not know when life will happen.	언제 무슨 일이 일어날지 인생은 알 수 없어요.
314	명언	Quit while you're ahead.	박수 칠 때 떠나라.
315	명언	Never too late to mend.	허물이 있으면 고치는 것을 꺼려하지 마라. 과즉물탄개(過則勿憚改)
316	명언	What counts in making a happy marriage is not so much how compatible you are, but how you deal with incompatibility.	행복한 결혼 생활에서 중요한 것은 서로 얼마나 잘 맞는가보다 다른 점을 어떻게 극복하는가이다.
317	명언	Love does not consist in gazing at each other, but in looking together in the same direction.	사랑은 둘이서 마주 보는 것이 아니라 서로 같은 방향을 바라보는 것이다.

318	명언	If you talk ill of others, think about your backbiting.	남을 험담하면 자신에 대한 험담이 돌아오는 줄 알아라.
319	명언	You might as well enjoy the pain that you cannot avoid.	피할 수 없는 고통은 즐겨라.
320	명언	Confessions of love sound sweeter when it is exaggerated.	사랑의 고백은 허풍일수록 더 감미롭다.
321	명언	Life is a tragedy when seen in close-up, but a comedy in long-shot.	인생은 가까이서 보면 비극이지만 멀리서 보면 희극이다.
322	명언	Luck is what happens when preparation meets opportunity.	행운은 준비가 기회를 만났을 때 찾아온다.
323	명언	Ask not what your country can do for you – ask what you can do for your country.	국가가 당신을 위해 무엇을 할 수 있는지 묻지 말고 당신이 국가를 위해 무엇을 할 수 있는지 물어보라.
324	명언	Life is mission.	삶은 임무이다.

325	명언	I love you. & Thank you.	사랑해. / 고마워.
326	명언	Spring is coming soon. But I can't see it.	봄은 왔지만 저는 봄을 볼 수 없어요.
327	명언	Joy and sorrow are next door neighbors.	음지가 양지되고, 양지가 음지된다.
328	명언	The customer is always right.	고객이 왕이다.
329	영역	An Island	섬

추천사

　장웅상 박사는 영문학, 국문학, 중문학, 일본학 등 다양한 분야의 연구를 통해 학문의 경계를 넘나드는 통섭적인 통찰력을 지녔을 뿐 아니라 다년간의 영어교육과 인문학 교육현장에서 학습자와의 깊은 공감을 토대로 효율적인 교수법을 깊이 체득하고 실현해오고 있다. 저자의 이러한 장점이 충분히 구현되고 있는 저서 『저절로 읽어가는 영어』를 통해 독자들은 어려운 영어공부라는 선입관에서 벗어나 영어 공부의 매력을 충분히 느낄 수 있으리라고 생각한다. 영어의 기본골격인 문법에 대한 설명과 토익공부 전략 뿐 아니라 영화, 팝송, 문학 등에 대한 저자의 해박한 지식을 바탕으로 실용영어 구사능력을 증진시킬 수 있는 비법들이 체계적으로 제시되고 있다. 저자의 가르침에 따라 책 내용을 읽어 내려가다 보면 영어공부의 즐거움에 빠지게 되고 공부에 전념하고자 하는 강한 학습동기를 지니게 되리라고 믿는다. 영어를 어려워하는 독자들에게 이 책을 일독하기를 권한다.

김옥례(한국교통대학교 명예교수)

　이 책은 영어를 쉽고도 재미있게 배울 수 있도록 설명해놓은 '가이드북'과 같은 해설서로서, 저자 장웅상 박사의 투박하지만 진솔한 화법으로 써내려가는 '영어공부 비법'에 관련된 이야기책입니다. 특히 영어 공부 방법을 몰라 고민하는 중·고등학생과 영어를 처음 접하는 독자들에게 이 책을 추천합니다.

김영욱(건국대 사범대학 부속중학교 영어과 교사, 건국대 영어교육과 겸임교수)

....

저자인 장 박사님과의 만남은 20년 전 영문학과 박사과정 때로 거슬러 올라갑니다. 그 당시의 장 박사님의 학문적 열정은 20년이 지난 지금도 변함이 없습니다. 그리고 그 열정의 결실이 이 책의 출판으로 이어진 것 같습니다. 이 책을 열정적인 마음으로 영어를 처음 접하고자 하는 독자들에게 적극 추천하는 바입니다.

황치복(전주대 영어교육과 교수)

....

영어공부는 무엇보다도 즐거움이 우선되어야 한다. 재미를 느끼면 공부는 저절로 향상된다. 장웅상 박사의 『저절로 읽어가는 영어』를 일독하고 나서 처음으로 머리에 떠오른 생각도 바로 이것이었다. 영어를 공부하는 방법을 다룬 책은 기왕에 많이 나와 있다. 하지만 이 책은 중학생이 읽더라도 이해할 수 있는 쉬운 언어와 그 보다 더 쉬운 예문, 영어 단어와 문장에 얽힌 필자의 유머러스한 일화 등으로 구성되어 있다. 따라서 누구라도 흥미를 느끼고 다시 한 번 영어공부에 도전해볼 수 있는 용기를 준다. 특히 문법과 어휘, 말하기와 듣기 등에 대한 필자의 경험담을 잘 활용하면 누구든 영어 공부의 초급에서 벗어나 한 단계 도약할 수 있는 기회를 얻을 수 있을 것이라 확신한다.

이수진(영문학박사)

영어를 매우 좋아했던 제자가 영어를 전공하더니 영문학박사까지 되었습니다. 그가 공부의 즐거움을 이야기한 『공부가 하고 싶은 당신에게』에 이어 영어 공부의 즐거움을 이야기한 『저절로 읽어가는 영어』를 출간해서 제 일처럼 기쁩니다. 이 책이 영어를 공부하는 사람들에게 든든한 디딤돌이 될 것이라고 확신합니다.

김중식(저자의 중학교 영어 선생님)

This book is a valuable addition to any English Learning catalogue.

It offers a unique approach to and understanding of some common problems, and it has clear explanations. The author's lifetime of curiosity and learning have led to a very nice selection of language to focus on.

Scott Scattergood(Assistant Professor in Ajou University)

장웅상 박사님은 경기대학교 평생교육원 '글로벌 매너와 스피치' 과정에 지도교수님으로 모시면서 인연이 되었습니다. 평상시에 열 개의 학위 소유자인 장웅상 박사님의 훌륭한 인품과 박학다식함에 고개가 숙여지는 경우가 한두 번이 아니었습니다. 이번에 출간되는 책인『저절로 읽어가는 영어』에는 영어 듣기, 읽기, 말하기, 쓰기 비법의 핵심이 담겨져 있습니다. 영어를 잘 하고 싶은 분들께 적극 추천합니다.

강나경(경기대 평생교육원 '글로벌 매너와 스피치' 과정 주임교수, 사회학박사)

我與張雄尚博士相識於高麗大學國語國文學研究所, 對張博士熱衷於學習的毅力相當欽佩。張博士入學前, 以比較塞林格、貝婁與陶淵明的作品為題, 取得英國文學博士學位, 足見其涉略東西洋文學的廣博學問。張博士於2020年出版《給渴望學習的你(공부가 하고 싶은 당신에게)》一書, 介紹他至今取得十個學位的讀書方法, 深獲讀者推崇, 如今再出版《一讀就上手的英語(저절로 읽어가는 영어)》, 相信對英語學習者必定大有幫助, 我也藉此簡短的序文表達對張博士的敬佩之心。

林侑毅(臺灣政治大學 韓國語文學系 助理教授)

나는 고려대학교 일반대학원 국어국문학과에 다녔을 때 장웅상 박사를 처음 뵙게 되었는데 항상 공부에 의욕이 넘치시는 장박사의 모습을 보고 존경하는 마음을 금할 수 없었다. 장 박사는 샐린저와 벨로우의 작품과 도연명의 작품을 비교하는 논문으로 영문학 박사학위를 취득했을 정도로 동서양 문학에 대한 관심과 지식이 풍부하다. 장 박사는 2020년에 『공부가 하고 싶은 당신에게』를 내어 열 개의 학위를 취득한 그의 공부의 비법을 소개하여 독자들의 호평을 받았다. 이번에 출간한 『저절로 읽어가는 영어』는 영어 학습자들에게 큰 도움이 되리라 믿는다. 이 짧은 서문을 통해 장 박사에게 고마워하는 마음을 표현하고자 한다.

임유의(대만 정치대학교 한국어문학과 조교수)

....

사람은 책을 만들고 책은 사람을 만든다는 말이 있다. 이 말은 글쓴이의 인품과 내용의 공감을 전제로 한다. 특히 공부에 관한 책은 작가의 오롯한 혼과 피로 쓴 각고의 노력의 산물임에 분명하다. 나는 장웅상 박사의 영어 공부에 관한 열정적인 연구와 박학다식한 교수법 그리고 학자로서 한결같은 삶의 진정성과 겸손을 30년 가까이 존경심으로 동행하고 있다. 단언컨대, 이 책을 읽기만 해도 영어 공부에 대해 저절로 꿈을 이루어 주는 희망의 대명사가 될 것이다.

김원식(시인, (사)한겨레문인협회 회장)

그는 나의 글동무다. 일상의 작은 것들을 발견하는 눈으로 소소한 생활 속 이야기를 솔직하게 군더더기 없이 잘 풀어냈다. 전문적이고 어려운 지식조차 그의 입과 손을 빌면 일상의 언어가 되는 재주를 지녔다. 행간의 유머는 덤이다. 영어는 그의 업이자 삶이라 할 만큼 평생 애쓴 분야다. 이 책은 영어책임에도 불구하고 그의 삶의 태도가 고스란히 녹아있다. 실실 웃으며 읽다가 보면 어느새 영어가 머릿속에 쏙쏙 박히는 재미있는 경험을 하게 될 것이다.

고용석(다우출판사 대표)

....

회사를 다니며 공부를 병행한다는 것은 생각만으로도 피곤한 일이다. 이 책을 읽으며 공부가 아니라 재미있는 글을 읽는 느낌이었다. 직장인들이 출퇴근 시간에 하루 10분을 투자한다면, 영어로 유머러스해지는 비법을 얻게 될 것 같다. 알아두면 쓸모 있는 영어가 가득한 책이다. 저자가 함축한 다양한 학문을 간결하고 유쾌하게 모아놓은 책이라서 손쉽게 고급스러운 유머를 얻은 느낌이다.

송아나(아름다운가게 성남 중동점 간사)

....

저자인 장웅상 박사는 열 개 분야가 넘는 학문을 정복한 다중지능(Multiple Intelligence)의 소유자입니다. 영어의 기본원리부터 비법과 전략을 제시하여 학생들뿐 아니라 성인들도 쉽게 접할 수 있도록 하였습니다. 중간 중간에 쉬어가는 코너를 넣어 영어공부의 맛을 더하고 있으며, 속담과 팝송 그리고 시에 이르기까지 다양한 소재를 다루고 있습니다. 몰입하여 읽고 나면 척척박사가 될 것입니다. 영어 정복을 꿈꾸시는 분들께 적극 추천합니다.

최병준(서울시인대학장, 문학박사)

....

이 책을 읽으면서 한 권의 영어 동화책을 읽은 느낌이었습니다. 동생은 박사학위 취득 이후에도 계속해서 공부하여 10개의 학위를 취득했습니다. 저도 경제학 석사 포함 7개 학위를 취득하고 경제학박사과정까지 수료했지만 동생의 향학열을 따라가기가 힘드네요. 동생의 책 『저절로 읽어가는 영어』가 영어 공부를 시작하는 분들께 많은 사랑을 받기를 진심으로 소망합니다.

장창호(저자의 친형)